# BESTACTIVITYBOOKS.COM

## Copyright © 2022 LINGUAS CLASSICS

PRIMA EDIZIONE 2022

Illustrazione Grafica Extra: www.freepik.com
Grazie a Alekksall, Starline, Pch.vector, Rawpixel.com,
Vectorpocket, Dgim-studio, Upklyak, Macrovector,
Stockgiu, Pikisuperstar & Freepik.com Designers

Scoprire i Giochi Gratuiti Online

Disponibile Qui:

**BestActivityBooks.com/FREEGAMES**

# 5 CONSIGLI PER INIZIARE

## 1) COME RISOLVERE LE PAROLE INTRECCIATTE

I puzzle hanno un formato classico:

- Le parole sono nascoste senza spazi o trattini,...
- Orientamento: Le parole possono essere scritte in avanti, indietro, verso l'alto, verso il basso o in diagonale (possono essere invertite).
- Le parole possono sovrapporsi o intersecarsi.

## 2) APPRENDIMENTO ATTIVO

Accanto ad ogni parola c'è uno spazio per scrivere la traduzione. Per incoraggiare l'apprendimento attivo, un **DIZIONARIO** alla fine di questa edizione vi permetterà di controllare e ampliare le vostre conoscenze. Cerca e scrivi le traduzioni, trovale nel puzzle e aggiungile al tuo vocabolario!

## 3) SEGNARE LE PAROLE

Puoi inventare il tuo sistema di segni. Forse ne usi già uno? Per esempio, puoi segnare le parole difficili da trovare con una croce, le parole preferite con una stella, le parole nuove con un triangolo, le parole rare con un diamante, e così via.

## 4) STRUTTURARE L'APPRENDIMENTO

Questa edizione offre un **TACCUINO** alla fine del libro. In vacanza, in viaggio o a casa, puoi organizzare facilmente le tue nuove conoscenze senza bisogno di un secondo quaderno!

## 5) AVETE FINITO TUTTE LE GRIGLIE?

Nelle ultime pagine di questo libro, nella sezione della **SFIDA FINALE**, troverete un gioco gratuito!

**Facile e veloce!** Dai un'occhiata alla nostra collezione di libri di attività per il tuo prossimo momento di divertimento e **apprendimento,** a portata di clic!

Trova la tua prossima sfida su:

BestActivityBooks.com/MioProssimoLibro

# Ai vostri posti, pronti...Via!

Sapevi che ci sono circa 7.000 lingue diverse nel mondo? Le parole sono preziose.

Amiamo le lingue e abbiamo lavorato duramente per creare libri di altissima qualità. I nostri ingredienti?

Una selezione di argomenti adatti all'apprendimento, tre buone porzioni di intrattenimento, una cucchiaiata di parole difficili e una spolverata di parole rare. Li serviamo con amore e entusiasmo in modo che tu possa risolvere i migliori giochi di parole e divertirti imparando!

-------

La vostra opinione è essenziale. Puoi partecipare attivamente al successo di questo libro lasciandoci un commento. Ci piacerebbe sapere cosa ti è piaciuto di più di questa edizione.

Ecco un link veloce alla pagina dell'ordine:

BestBooksActivity.com/Recensione50

Grazie per il vostro aiuto e buon divertimento!

*Tutta la squadra*

# 1 - Scacchi

```
P E M W P P F X B V H J Ì B
R L T O P Q S T F C R M O G
R I A G H A I L T E A N B X
K D G Y V V G U N S L H A U
H Ù E H E K E N A A E R I C
Y B A T J R A F J I G I R M
P H M Q X E L K D Q R N T C
O A A C H A M P I O N G Y C
H L S D I A G O N A L O U Z
Q A Q S F A R P A I S T P K
X N R O I N N L E A C H D L
R V T X L V T W D O G F U D
R V C I K Z E R U V K K B M
A B H A N R I G H T O P H Y
```

GEAL
CHAMPION
DIAGONAL
PLAYER
GEAMA
DUBH
PASSIVE
RING

A ' BHANRIGH
RIAGHAILTEAN
ÌOBAIRT
DÙBHALAN
RO-INNLEACHD
UAIR
FARPAIS

# 2 - Strumenti

```
H  L  F  Y  S  S  G  I  A  N  G  C  M  J
I  A  L  H  G  B  O  C  À  B  A  L  H  W
O  B  P  T  R  O  Z  Q  M  S  F  W  U  U
X  H  H  A  W  N  K  Y  A  L  W  F  Q  E
S  C  I  S  S  O  R  S  L  U  K  M  J  C
U  Y  Q  Y  T  S  D  W  L  A  H  Z  P  U
U  B  E  Q  O  F  V  Z  E  S  N  E  N  I
A  E  X  W  R  Ò  P  S  T  A  I  L  V  B
U  I  D  B  C  A  L  T  V  I  L  Y  T  H
U  X  M  B  H  X  I  A  S  D  K  Z  B  L
H  A  M  M  E  R  E  P  N  C  E  O  I  E
I  F  A  L  X  O  R  L  N  U  R  X  G  J
L  H  A  O  M  W  S  E  N  Y  Z  E  O  H
D  J  C  K  F  H  À  R  A  D  H  L  W  B
```

AX
CÀBAL
GLUE
SGIAN
RÒP
STAPLER
SCISSORS
MALLET

HAMMER
SLUASAID
PLIERS
CUIBHLE
FHÀRADH
TORCH
SCREW

# 3 - Aggettivi #2

```
A C E M N M K C P R O U D I
D I R L M S E I L E Q F R U
Z N N U E N U S A L T Y À M
E N S M T G E D B C A S M À
L T G U E H A P H P C T A B
F I Ì W O I A N I Z V R K H
R N T R M Y L C T M Y O C A
E N H I N F K B H M H N F I
A E M D O U I Y A A P G Ì S
G A Q U Y L A X Q H I H O T
R C S L À I N T E Q N L R E
A H S W E E T X I H Ù R I A
C D E S C R I P T I V E D C
H N À D A R R A O C H J S H
```

FÌOR
HOT
CRUTHACHAIL
DESCRIPTIVE
SWEET
DRÀMA
ELEGANT
AINMEIL
STRONG
INNTINNEACH

NÀDARRA
ÀBHAISTEACH
ÙR
PROUD
A BHITH A
EILE.
FREAGRACH
SALTY
SLÀINTE
SGÌTH

# 4 - Mobili

```
F  C  U  S  H  I  O  N  S  D  O  P  R  B
U  E  R  D  A  C  J  T  Z  B  N  X  J  C
T  D  A  I  M  O  L  A  D  H  I  M  C  G
O  E  B  R  M  A  F  B  P  I  L  L  O  W
N  A  L  F  O  X  T  R  M  B  G  A  U  L
X  S  U  O  C  G  J  T  L  I  J  G  C  E
Q  G  N  P  K  B  E  F  R  A  B  V  H  A
D  X  U  Y  S  R  D  V  Ù  E  M  F  J  B
S  T  F  Q  E  N  I  G  M  J  S  P  X  A
C  A  T  H  R  A  I  C  H  E  L  S  A  I
S  G  E  I  L  P  I  C  H  E  A  N  D  D
C  U  R  T  A  I  N  S  Q  F  B  X  P  H
C  M  S  R  O  B  R  A  T  A  Q  E  I  X
X  J  B  R  K  W  C  P  M  J  Q  I  T  E
```

| | |
|---|---|
| HAMMOCK | MATTRESS |
| CUSHIONS | FEAR |
| PILLOW | SGEILPICHEAN |
| COUCH | DEASG |
| FUTON | CATHRAICHE |
| LAMPA | MOLADH |
| LEABAIDH | BRAT |
| RÙM | CURTAINS |

# 5 - Pesca

```
H Z Q Y Q B W J G V N Y I K
C O O K W O B A B A I T B L
G D O E Y Z H W B S C B C G
N R Q K Y L K X A H Z F U H
N Z T A Z B Z R S B A R G H
L U A L F L G Q G E À I U G
G I L L S A Q Q A A U T N V
Q S R S Z K F G I C È D A N
K G U X I E M Z D H I H C F
G E O U F I N S M A R U C S
H X C T I L V A L U H F X R
Q S E U S A N Q V M L Y V N
E X A G G E R A T I O N F W
U R N U I G H D H N H E W Y
```

UISGE
BÀTA
GILLS
BASGAID
COOK
EXAGGERATION
BAIT
UÈIR
ABHAINN

HOOK
LAKE
JAW
OCEAN
URNUIGH
FINS
BEACH
SEUSAN

# 6 - Aggettivi #1

```
C H U I D C A N L T W A W C
E C E M L U D E B A D E E P
K H F A D D H O I Q O I V K
M O L O M R A C Q Y Z I K E
R N U Q Y O R H A P P Y D U
H E A V Y M T I R G M G R H
G S C M D A A O O U O N X F
P T H Ò G C C N M M L Ì C Y
Q E S R X H H T A A A O A L
F C R R C D N A T T D M J Y
C M V F Z T T C I H H H J E
N X F A E P I H C E V A B M
Y Y Q F W C I R D A R C T O
K Z X C C F T H I N A H T N
```

ADHARTACH
AROMATIC
GU MATH
GNÌOMHACH
MÒR
MOLADH
HAPPY
CHUID
ÒG
CUDROMACH

NEO-CHIONTACH
LAOIDH
FAD
HONEST
PERFECT
HEAVY
LUACH
DEEP
THIN

# 7 - Geologia

```
Q C A E M H F C A L C I U M
U R ' À Q A N L A V A L N X
A Y L S R Q Z M H R D Q I V
R S E A L D Q Z F B A G T O
T T A L D F C O R A L I V L
Z A N A E O D H G Q K G D C
L L T N Z S M O L T E N C A
G S A N O S P N L À A B B N
M È I N N I R E A N R C K O
I R N N E L A O I D H A I O
O H N S T A L A C T I T E D
Y S T A L A G M I T E S N N
C A V E R N F B W W V K U K
G E Y S E R H A L M B N P O
```

| | |
|---|---|
| ACID | LAVA |
| ÀRD-CHLÀR A' | MÈINNIREAN |
| CALCIUM | CARAID |
| CAVERN | QUARTZ |
| A 'LEANTAINN | SALANN |
| CORAL | STALAGMITES |
| CRYSTALS | STALACTITE |
| FOSSIL | LAOIDH |
| MOLTEN | VOLCANO |
| GEYSER | ZONE |

# 8 - Campeggio

```
H  L  Y  S  J  B  D  I  S  A  D  H  E  W
H  A  M  M  O  C  K  O  W  I  L  S  N  U
P  K  L  W  G  E  T  M  F  N  A  T  U  R
C  E  T  E  N  T  E  R  D  M  C  Y  Q  M
M  A  A  R  Ò  P  I  A  F  E  H  I  S  A
F  O  N  I  L  F  N  D  O  A  S  F  P  W
D  N  I  O  R  D  E  H  R  C  A  N  Ò  J
À  N  T  R  E  A  U  L  E  H  T  U  R  Q
N  P  C  C  E  D  M  G  S  A  M  S  S  Y
A  C  A  B  I  N  L  H  T  D  Y  O  J  D
C  R  A  O  B  H  A  N  A  H  P  Q  Y  H
H  M  O  X  P  V  N  F  A  P  J  W  R  F
D  K  W  K  Q  L  H  P  L  I  A  E  H  N
I  C  V  V  M  O  O  N  S  E  A  L  G  Z
```

| | |
|---|---|
| CRAOBHAN | SPÒRS |
| HAMMOCK | FOREST |
| AINMEACHADH | TEINE |
| DÀNACHD | DH' |
| IOMRADH | LAKE |
| CABIN | MOON |
| SEALG | AIR A ' MHAPA |
| CANOE | MOIRE |
| AD | NATUR |
| RÒP | TENT |

# 9 - Arti Visive

```
T C R U T H A C H A D H Z H
D E A L B H C A M A R A W V
P E E B A L E U A X C L A Y
E S A O S E A L A I N O I Q
A T E S A C H A L K C A H D
N E X A E D U D E A L B H W
T N Q O L L U L B W T R P A
A C I F I L M H P J S N E X
D I R E T J A J D T Q J A V
H L H W V B O D Q A U D N R
C O M H R A D H H N O R N Q
C J M A S T E R P I E C E I
A I L T I R E A C H D O C M
R T P X W D W L W I E M C D
```

AILTIREACHD
CLAY
EALAIN
MASTERPIECE
EASEL
WAX
COMHRADH
CRUTHACHADH
FILM

DEALBH-CAMARA
CHALK
PEANN
PEANTADH
SEALLADH
DEALBH
SCULPTURE
STENCIL

# 10 - Tempo

```
À  S  S  G  B  L  I  A  D  H  N  A  I  L
M  U  S  B  L  Z  P  U  K  D  C  N  Y  M
R  N  S  M  I  O  N  A  I  D  L  D  H  Ì
I  Q  E  G  A  C  U  I  L  I  O  I  C  O
T  V  A  J  D  R  H  R  I  T  C  U  Y  S
E  G  C  U  H  T  L  A  N  W  N  G  A  A
A  M  H  L  N  D  Y  A  N  A  L  H  N  C
C  Ì  D  M  A  C  W  O  T  E  I  S  D  H
H  O  A  A  M  H  À  I  N  H  I  G  È  A
D  S  I  D  K  A  I  D  S  U  A  L  H  N
H  S  N  A  T  B  Z  H  Y  R  U  C  N  U
I  B  A  I  R  E  Z  C  T  N  B  U  Q  T
Q  X  P  N  T  F  S  H  R  O  C  V  S  F
M  C  D  N  Y  J  D  E  I  C  H  E  A  D
```

| | |
|---|---|
| BLIADHNA | CHAN EIL |
| BLIADHNAIL | MIONAID |
| MÌOSACHAN | OIDHCHE |
| DEICHEAD | AN-DIUGH |
| A-MHÀIN | UAIR |
| ÀM RI TEACHD | CLOC |
| LATHA | URNAIGH |
| AN-DÈ | MUS |
| MADAINN | LINN |
| MÌOS | SEACHDAIN |

# 11 - Autunno

```
X A T E I N T E A N K R O P
N H O F S V Y V F P Y T P Y
Q Y F D L K P K F R P K T L
E W J Q Z O V O T M E L Z Z
A F Y E C C R P S E Q I E Z
M O V G Y M M C U V Q X Q S
W A D Z X J O U H Q V X U N
C Y F A V B L I V A S K I A
F E O F C L A U A M R T N T
E M E M L H D F È I S D O U
A I M S I R H H A S T J X R
C H E S T N U T S W Ì N Q P
R À I T H E I L E H R D D P
Q A C O R N U A R R E A W C
```

| | |
|---|---|
| AODACH | TEINTEAN |
| CHESTNUTS | APPLES |
| TÌRE | MIS |
| EQUINOX | AIMSIR |
| FÈIS | MOLADH |
| ORCHARD | NATUR |
| ACORN | RÀITHEIL |

# 12 - Astronomia

```
A  S  L  E  A  N  T  A  L  A  M  H  E  R
P  S  G  R  A  V  I  T  Y  J  N  C  K  È
L  X  T  S  G  Z  M  M  E  T  E  O  R  I
A  W  U  E  E  Y  O  G  I  D  B  S  H  D
N  K  U  I  R  B  O  C  A  X  U  M  J  I
E  M  Z  Q  G  O  N  G  Q  L  L  O  P  D
T  D  W  E  Q  U  I  N  O  X  A  S  L  H
T  J  Y  P  Z  V  V  D  S  M  F  X  V  E
O  B  S  E  R  V  A  T  O  R  Y  S  Y  A
A  J  E  Z  M  Ì  U  H  C  V  J  S  C  C
R  O  C  A  I  D  O  D  P  W  A  K  F  H
U  R  N  U  I  G  H  M  P  K  K  Y  G  D
K  Y  C  L  S  T  E  P  H  E  N  S  O  G
A  S  T  R  O  N  O  M  E  R  G  Y  Z  P
```

| | |
|---|---|
| ASTEROID | NEBULA |
| PRÌOMH | OBSERVATORY |
| ASTRONOMER | PLANET |
| SKY | RÈIDIDHEACHD |
| COSMOS | ROCAID |
| EQUINOX | STEPHENS |
| GALAXY | LE |
| GRAVITY | AN TALAMH |
| MOON | URNUIGH |
| METEOR | |

# 13 - Circo

```
M A N D C O A M O N K E Y V
W A Q Q E E I F X K Y A C L
K X G L Ò V N N T E N T Z
E D N I L X M A M H A R C Z
D X I L C F E K B I L S S V
M V G T S B A L L O O N S O
C T I G E R C J U G G L E R
C O O V A A H T X A S I O X
O K L T L C A R J I P O O G
S R K A L R D I T D È N M A
T R L S T O H C P E I M Y J
U A F Q W B I K Q A S X C J
M X H F I A U I Q N U A B F
E E P W H T E L E P H A N T
```

ACROBAT                SEALL
AINMEACHADH            CEÒL
THIOGAIDEAN            BALLOONS
COLA                   SPÈIS
COSTUME                MONKEY
ELEPHANT               AMHARC
JUGGLER                TENT
LION                   TIGER
MAGIC                  TRICK

# 14 - Mitologia

```
B E A C H D A N G L G N C A
D R A O I D H E A C H E U R
C B T P J N E A I I G A L C
N H G J E B R R S H Q M T H
R U Z E A K O T G Q A H A E
V R R E L W R J E K P U R T
M N R N O N W Y A S O B N Y
G O C R U T H A C H A D H P
I Q R Y S I Q U H K F C Z E
Ù D N T Y L G L A O I D H T
L P M V A J U H F I X W K Z
A D V X M L R E V E N G E O
N U I L E B H È I S T K G Z
I M M O R T A L I T Y W D K
```

ARCHETYPE
GIÙLAN
CRUTHACHADH
BEACHDAN
CULTAR
URNUIGH
HERO
NEART
LAOIDH

JEALOUSY
GAISGEACH
IMMORTALITY
DRAOIDHEACH
MORTAL
UILE-BHÈIST
NEAMH
REVENGE

# 15 - Piante

```
F Q P T R Y I W F J S B M S
O B K J R B K U L E N A R J
R G U T L E I J Ò A C M V Q
E F À S S A E O R S F B G P
S L I K H N L V A G E Ù M E
T Ù C A C T U S I Q R O O T
I R G A R D E N D N T A S A
V B K G Y M L E H E I B S L
Y O J F O H K B X Y L B U K
D T M Y N J Y F O L I A G E
L A O I D H T C K M S R G X
A N C Z R Z B Q H B E R R Y
V Y U E P N V V T Y R F E R
P U D X C X O R L B D K E K
```

TREE
BERRY
BAMBÙ
BOTANY
CACTUS
BUSH
FÀS
IVY
GRAS
BEAN

FERTILISER
FLÙR
FLÒRAIDH
FOLIAGE
FOREST
GARDEN
MOSS
PETAL
ROOT
LAOIDH

# 16 - Spezie

```
W I C F C S A L A N N Q S N
G W U E A T J B S U O Q W C
B G M N R T F N A T I F E I
I I I N D L M N F M X L E N
T N N E A T I H F E O A T N
T G B L M U V C R G W V Y A
E E Y X O R P A O N I O N M
R R E C M M H A N R F R W O
A N I S E E P K P I I S Z N
A U A P H R N J P R L C W Y
Z K J T P I O B A R I L E D
G B T Z T C U R R Y F K A C
C O R I A N D E R U M U A B
V R H G S I G V I T E P N Z
```

| | |
|---|---|
| BITTER | FENNEL |
| ANISE | FLAVOR |
| CINNAMON | LICORICE |
| CARDAMOM | NUTMEG |
| ONION | PAPRIKA |
| CORIANDER | PIOBAR |
| CUMIN | SALANN |
| TURMERIC | VANILLA |
| CURRY | SAFFRON |
| SWEET | GINGER |

# 17 - Numeri

```
D E C I M A L F H P F J D G
T R Ì G O N O S P P X C N V
S R F X C I N F I C H E A D
E I Ì P H B Y P H E D I O À
P H X D D E I C H I H T I Y
P O P T E E B Q Z T À H H M
J H G N E U U A V H D I D Q
W E S A Z E G G C I H R M X
W U M O G E N A A R E D S G
C H U I N E O N I N U E I J
X D E D S E A C H D G U A S
T P B E N U T N X R P G J N
V A A U E I G H T E E N B H
C Ò I G S E A C H D D E U G
```

CÒIG
DECIMAL
NAOI-DEUG
SEACHD-DEUG
EIGHTEEN
DEICH
DHÀ-DHEUG
DÀ
NAOI
OCHD

CEITHIR-DEUG
CEITHIR
DEUG AN
SIXTEEN
SIA
SEACHD
TRÌ
TRÌ-DEUG
FICHEAD
NEONI

# 18 - Cioccolato

```
B Q V H G B I K C M O C C C
I S S F J N S I O O J A A À
T C W V K U C E L L A R L I
T O R E C I P E A A N A O L
E C C X E D E G H D T M R E
R O K H Q T Y G T H I E I A
I N G R E D I E N T O L E C
E U P J I M L Q I V X X S H
A T M E U A X X D M I T H D
H H T T A M M F S G D P Q A
X D B I L N P P B L A S T A
C A C A O I U Y L M N W W M
S I Ù C A I R T A X T S J X
T B D P A W C U S O X C V Z
```

BITTER
ANTIOXIDANT
PEANUTS
CACAO
CALORIES
COLA
CARAMEL
BLASTA
SWEET

MOLADH
BLAS
INGREDIENT
COCONUT
JUMP
CÀILEACHD
RECIPE
SIÙCAIR

# 19 - Guida

```
P B R A K E S Q T O B B U S
A E W S W G H Y U T H J X B
I S D C E A D R B R O L B G
R T G E O S G Z A Y C O R A
A R O R S N O W I I H C À R
M A C T W T N H S Y U Ò S A
H F U U V X R A T W N M R G
A A L R Q M A I D S N H Y E
P I B Y J B T E A H A D C U
A G A H M E H N E N R H O D
T U N A I L A N D L T A X K
P O L I C E D L D B U I B P
M O T O R C Y C L E K L M B
S À B H A I L T E A C H D I
```

CÀR
BUS
CONNADH
BRAKES
GARAGE
GAS
TUBAIST
CEAD
AIR A ' MHAPA
MOTORCYCLE

CO
PEDESTRIAN
BHO CHUNNART
POLICE
SÀBHAILTEACHD
RATHAD
TRAFAIG
CÒMHDHAIL
TUNAIL

# 20 - Sport

```
C T H A T H A R T R Y P R P
H E J G S G H C U Z R L O M
A A A Y G Y L O P A P A T H
M N T M G M Q I C G T Y H F
P A H N R N U D G A F E A Q
I S L A È A B S D E I R I S
O Y E S I S G E X W A D R G
N Q T T T I I L J S U M H I
S N E I E U U A U E P G A O
H L Z C A M U M U A D U N B
I S W S R G O I L F S J X A
P B A S E B A L L P N A G C
D H E I R E A D H Y Y Y D U
T A G H A I D H O X V R X F
```

COIDSE
RÈITEAR
ATHLETE
BASEBALL
THATHAR
ROTHAIR
CHAMPIONSHIP
GYMNASTICS
PLAYER

GEAMA
GOILF
HOCAIDH
GLUASAD
GYMNASIUM
SGIOBA
DHEIREADH
TEANAS
TAGHAIDH

# 21 - Giocattoli

```
D R U M A I C H E A N O R W
C D I X O F K V U R O B O T
L D M A C M E A N M N A T Ò
A E K D K G W G A Q N I H I
Y J H H I I C Y G V T R A M
E S D B B C T D E R R C I H
K J Z R S A W E A G È I R S
D H H A R X L A M E A Ù O E
V X O N D R J L A P N I V A
C C I N B À T A N J Q R A C
T À I L E A S G N I D D U H
L À R A I D H S A K D B L A
R D I U R P F S N D O L K N
L E A B H R A I C H E A N B
```

| | |
|---|---|
| ADHBRANN | LÀRAIDH |
| KITE | NA GEAMANNAN |
| CLAY | MAC-MEANMNA |
| OBAIR-CIÙIRD | LEABHRAICHEAN |
| CÀR | BALL |
| DOL | TÒIMHSEACHAN |
| BÀTA | ROBOT |
| DRUMAICHEAN | TÀILEASG |
| ROTHAIR | TRÈAN |

# 22 - Uccelli

```
L I B U H T F G S P B S S C
Z P I N V V X L K F P T D H
P E T C T U N N A G E O O U
G A H Y J O S L M M L R V T
U C R A V E N U G H I K E H
L O B R M E C E A R C N F A
L G H T O L A N Q K A Y G G
I X I P S T H L D A N P O O
V P X K T O U C A N Z J O M
F I Y U R N M A F R U L S V
X E R P I G E O N C W D E E
S Z H Y C E A G L E Q O X M
D X R V H A W K O T A E F Z
D E M M A L N D M C G D O H
```

TUNNAG          GOOSE
EAGLE           PARROT
STORK           EMMA
EALA            PEACOG
DOVE            PELICAN
RAVEN           PIGEON
CHUTHAG         CEARC
HAWK            OSTRICH
FLAMINGO        TOUCAN
GULL            UGH

# 23 - Giorni e Mesi

```
T R A G H I B L E A N B A S
D O N N U B J A D O D L N Q
I A D A L D B T G Z I I T O
C N Ù N M Ù A G L N D A S P
I T B D B A N V M Z Ò D U M
A I H À D N T A R O M H L Ì
D U L M I G S D S V H N T O
A C A H M E A I J T N A A S
I H C A À A M L Z E A Z I A
N A H I I R H U K L I L N C
U R D R R R A A Q M C R Z H
M Ì O S T A I I Y K H I G A
F K D T K N N N R Y M S B N
W B V D M A M M À R T V A N
```

| | |
|---|---|
| AN LÙNASTAL | DILUAIN |
| BLIADHNA | DIMÀIRT |
| A 'GHIBLEAN | AM MÀRT |
| MÌOSACHAN | DICIADAIN |
| AN DÙBHLACHD | MÌOS |
| DIDÒMHNAICH | AN T-SAMHAIN |
| AN GEARRAN | AN DÀMHAIR |
| AN T-IUCHAR | AN T-SULTAIN |

# 24 - Casa

```
C P M A J I L À R N B V F S
Z H M T F E A N S A D G B E
F Z X T J E M J C A Q G A Ò
A A M I E B P O V E M N L M
C T U C B R A T L G I B L A
H E R C Y U M T I A F L A R
I A N G E T H Q A R D Y T A
D L U A Q T À V Q D R H Z E
S L I Q C C I W Y E O P F Q
I A G O L A N B G N D J R W
N C H L E A B H A R L A N N
A H D O R A S M U L L A C H
K X F Q E X X R G A R A G E
B R O O M Z C Q U P T U V M
```

| | |
|---|---|
| ATTIC | BALLA |
| LEABHARLANN | LÀR |
| SEÒMAR | DORAS |
| TEALLACH | FEANSA |
| A ' CHIDSIN | FAUCET |
| A-MHÀIN | BROOM |
| URNUIGH | CEILTE |
| GARAGE | MOLADH |
| GARDEN | BRAT |
| LAMPA | MULLACH |

# 25 - Ristorante #1

```
Y W A I T R E S S Q W Y C J
Q O P I N K G O V Y L Q E D
T J H Q M O Z G L S A U C E
N N A F O E B S M P A M S R
M R T C L À R T A I C E Q L
B S G I A N C Y H C H A Z Q
B O Z J D S A O Q Y I D W W
X Z B U H B L W F D D H M R
W W Y H P I L W N A S E P C
F G T Z L A E T G Y I W G E
F U X E D A R A N G N D H A
S Y S A I R G E A D F R H R
N A P K I N Y G D L Q Q X C
L D N O P D E S S E R T W M
```

ALLERGY
COFAIDH
WAITRESS
MEADH
AIRGEAD
BIA
BOBHLA
SGIAN
A ' CHIDSIN

DESSERT
CLÀR-TAICE
ARAN
SPICY
CEARC
MOLADH
SAUCE
NAPKIN

# 26 - Fantascienza

```
G S D Y S T O P I A B M I L
U P G R G G A L A X Y Y M E
T R A O O W O A F T W S A A
O E N B I V T N U E Y T G B
P A J O L N P E T I À E I H
I D T T L G N T U N I R N R
A H S S U F A E R E R I A A
D A A C S V T C I V D O R I
U D O P I B O O S L E U Y C
A H G P O L M R T L D S G H
P F H T N O I A I J Q F G E
D K A B L N C C C I N E M A
T E I C N E Ò L A S C V O N
P W L K B K J E J L E W M L
```

ATOMIC
CINEMA
DYSTOPIA
SPREADHADH
ÀIRDE
SGOINNEIL
TEINE
FUTURISTIC
GALAXY
ILLUSION

IMAGINARY
LEABHRAICHEAN
MYSTERIOUS
T-SAOGHAIL
ORACLE
PLANET
ROBOTS
TEICNEÒLAS
UTOPIA

# 27 - Città

```
H P Z K X S A M C Z Z L P T
G H C U W P A R L K D U H A
À A N I D B Z T I P D B G I
R R S Q N E A X O A B Q W G
R M M F V E X N N I R I S H
A A E Ò U T M M A R K E T F
D C Q U R L R A I P I F H U
H Y S Ù N B J S G O I L E I
S T Ò R U G H G Ù R K O A N
Q L N L I Q V Ù R T K R T E
V T A I G H Ò S T A F I R F
K X Q I H M J H B H N S Y W
B O O K S T O R E P S T O G
L E A B H A R L A N N Z C S
```

AIRPORT
BAN
LEABHARLANN
CINEMA
CLIONAIG ÙR
PHARMACY
FLORIST
GÀRRADH
TAIGH-ÒSTA

BOOKSTORE
MARKET
STÒR
TAIGH-FUINE
SGOIL
MÒR-BHÙTH
THEATR
URNUIGH
SÙ

# 28 - Virtù #1

```
D E U C P I A P M T A I U B
E U R H R M N B P V F S B P
C S N U A F O N F U N N Y H
I L U I C F L D E I U X G T
S A I D T Y C G E A S A C H
I I G J A T L G Q S L M X M
V N H W I S E X F F T A C G
E T H P G S H M C L E A N U
H E L E E F E U M A I L R M
U A C S A V Y O C R R Z H A
U C N Q C È I F E A C H D T
A H O J H O E A R B S A C H
M A T H J P F Z Q F F C D H
X L B B N K R H J G S X J V
```

GEASACH
EARBSACH
SEO
MATH
GU MATH
DECISIVE
FUNNY
ÈIFEACHD
CHUID

URNUIGH
INNEALAN
MODEST
EUSLAINTEACH
PRACTAIGEACH
CLEAN
WISE
FEUMAIL

# 29 - Compleanno

```
W I S D O M I R B G C H I C
Z H G R O F X P U Ò Z C X A
M Ì O S A C H A N G E I F R
L A T H A U M V M U A J C A
Y Z K B L I A D H N A D N I
S S E Q W R A P L K H X H D
X P A C O I N N L E A N I :
L Ò D M L D J Z U A P A P S
L R C O S H G O G D P V U P
Ò S È E D E F C Y G Y Y A E
R C I M H A F W A F I N I C
A Q C P P N K N Z X U F R I
N C A R A I D E A N J L T A
C U I M H N E A C H A I N L
```

| | |
|---|---|
| CARAIDEAN | ÒG |
| BLIADHNA | CUIRIDHEAN |
| MÌOSACHAN | RUGADH: |
| COINNLEAN | GIFT |
| ÒRAN | CUIMHNEACHAIN |
| CARAID | WISDOM |
| SPÒRS | SPECIAL |
| HAPPY | UAIR |
| JOYFUL | CÈIC |
| LATHA | |

# 30 - Fattoria #1

```
W W M C D W X W R U B F C E
Z Q O Q L O S H M I N E K A
F O P O A K N D S S F R E C
S F C Ù O W H K V G Z T A H
F S E A G G F F E E M I L H
L A A A H P E C E Y L L W A
O B R M N Y Z F K Y L I O Y
C C C U D S Ì O L Z O S H W
X P U C Q L A S Q V P E X K
C O W U K S E O R H N R O S
R T X O V N D G X R E V R E
H A C H A D H T D Q R I C E
O C A L W W K B J C W S U E
À I T E A C H A S N V F L F
```

| | |
|---|---|
| UISGE | CAT |
| ÀITEACHAS | FLOC |
| BEE | MUC |
| DONKEY | MIL |
| ACHADH | COW |
| CÙ | CEARC |
| SEO | FEANSA |
| EACH | RICE |
| FERTILISER | SÌOL |
| HAY | LAOGH |

# 31 - Paesaggi

```
V R X D L I Z L S U W R A M
G A A F C N K N U A W F B X
E Q N L T G S K G M J V H C
Y L T M M M W V S H C M A R
S F G R L H I X I N Q V I W
E I L E A N T U N D R A N A
R P G H R U B H A V S L N T
B Y C I C E B E R G E L T E
M E W L S W A M P L A E G R
R I A L O A S I S A H Y A F
V O L C A N O E J C L Z D A
I K Z T H K K K W I N A H L
N O C E A N D E S E R T K L
M O U N T A I N V R M T G E
```

| | |
|---|---|
| WATERFALL | SEA |
| HILL | MOUNTAIN |
| DESERT | OASIS |
| ABHAINN | OCEAN |
| GEYSER | SWAMP |
| GLACIER | RUBHA |
| UAMH | BEACH |
| ICEBERG | TUNDRA |
| EILEAN | VALLEY |
| LAKE | VOLCANO |

# 32 - Ristorante #2

```
B  L  A  S  T  A  P  Y  M  V  C  I  P  L
L  P  C  O  T  B  U  I  L  E  A  N  N  A
X  P  È  U  N  H  F  X  Ò  P  T  U  G  O
S  Ù  I  L  S  P  O  O  N  D  H  N  H  I
U  G  C  X  V  L  M  A  L  E  R  G  L  D
I  I  F  V  Q  A  Y  Q  T  I  A  O  A  H
S  A  G  P  O  N  E  K  C  G  I  B  S  E
G  S  L  H  O  A  U  M  N  H  C  H  R  A
E  G  S  E  E  S  G  I  M  S  H  A  A  N
M  O  O  A  W  A  I  T  E  R  E  L  I  I
V  S  F  P  M  L  N  I  A  I  O  K  C  E
P  Q  P  V  E  A  Y  F  S  F  O  E  H  T
S  A  N  D  Ì  N  N  E  A  R  X  U  J  J
E  B  Z  W  H  N  G  K  N  D  E  O  C  H
```

| | |
|---|---|
| UISGE | SÙIL |
| DEOCH | IASG |
| WAITER | LÒN |
| AN DÌNNEAR | SALANN |
| SPOON | CATHRAICHE |
| BLASTA | LAOIDHEAN |
| GOBHAL | CÈIC |
| MEASAN | UIGHEAN |
| DEIGH | GHLASRAICH |
| BUILEANN | |

# 33 - Giardino

```
G E K P A F B C N H V Q R E
L O C J G O R A N L Z V I X
A L O C H A N O U T K Q A H
S M D J Ù I R H A M M O C K
A F L Ù R D B D F E A N S A
C T E R R A C E E C H X B Q
H T Q A S N N W T N A T L C
L E Y K R L Y H J Y W R O H
H U J E N B U S H G K E F R
G R A S T D G A R A G E C W
O R C H A R D U S V L K N V
Q R Z H V W T K U A N V R I
G W H T R A M P O L I N E N
M X A U S G O S H S X D F E
```

TREE
HAMMOCK
BUSH
GRAS
HAWK'
FLÙR
ORCHARD
GARAGE
GARDEN
SLUASAID

FEAR
GLASACH
RAKE
FEANSA
LOCHAN
ÙIR
TERRACE
TRAMPOLINE
ORAN
VINE

# 34 - Frutta

```
C A J A N C U N M Z H L L L
W H C C V N E C T A R I N E
K E E D P L U M U K N W Z P
P I L R G R A P E O R G R E
I Z W G R L V E V W A A O A
N K S I T Y P B Q T S P M C
E X L I B A N A N A P R E H
A A V O C A D O R D B I L P
P Q G R W S F I U V E C O E
P H F A W H A W U S R O N U
L P A I B J P M S S R T B R
E Y H N Y R P A P A Y A A A
G V N S B O L E M O N Y B N
Z V I O O B E R R Y O C G J
```

APRICOT
PINEAPPLE
ORAINS
AVOCADO
BERRY
BANANA
CHERRY
KIWI
RASPBERRY
LEMON

MANGO
APPLE
MELON
NECTARINE
PAPAYA
PEURAN
PEACH
PLUM
GRAPE

# 35 - Fattoria #2

```
L I T I R H O P K B M D H E
G B H S L G P L H A E U S P
B I A J U L J R M R A I R X
V M A J O G A C P L S L O D
C O I R C E O M K E A L I E
O W I E B Ò S T A Y N E R M
R I Z S A I D N I D T A R E
C N T Y I D Z P Z X S G I A
H D U U N H F A R M E R G D
A M L Z N T R A C T A R A O
R I Q K E N I R S S E B T W
D L A N T S A B H A I L I L
T L D X B P Y G A Y Q A O S
A I N M E A C H A D H W N X
```

| | |
|---|---|
| LITIR | LLAMA |
| FARMER | BAINNE |
| TUNNAG | COIRCE |
| AINMEACHADH | WINDMILL |
| BIA | GEÒIDH |
| AN T-SABHAIL | BARLEY |
| MEASAN | DUILLEAG |
| ORCHARD | MEADOW |
| IRRIGATION | TRACTAR |

# 36 - Verdure

```
X J P F F J T T T F N E A S
L L H A D X B A D M F W F L
Q J W G R M U S H R O O M I
T C Y Y H S I B I T H P C A
O U E G G P L A N T A E E S
Y R R M N R E E O Y R A L A
F R Z N Z R A R Y N T X E I
O A F K I W N A G B I H R D
S N X S Z P N D I M C O Y H
B R O C C O L I N D H L N C
T O M A T O W S G D O I F T
P U M P K I N H E C K V A Q
J C U C U M B E R H E E E H
W G T G S H A L L O T F L R
```

BROCCOLI
ARTICHOKE
CURRAN
CUCUMBER
ONION
MUSHROOM
BUILEANN
EGGPLANT
OLIVE
BITH

PEA
TOMATO
PARSLEY
TURNIP
RADISH
SHALLOT
CELERY
SLIASAID
GINGER
PUMPKIN

# 37 - Scuola #2

```
U Z U N F F C F W F U D M P
X S R B O V A A J V Y V Ì N
P C A J G V N C R S A B O A
À I N W H G W M L P B U S G
I S N M L S R R F A P K A E
P S S A A I T À G I I O C A
E O A T M O T V M M N R H M
A R C H K P V I E A X T A A
R S H T Q A Y J R S R U N N
T E A G A S G W G K S I N N
R N D S A I D H E A N Y C A
I I H P E A N N W F G W S N
A C A D A I M I G E A C H G
G I W F O L E U G H A D H P
```

ACADAIMIGEACH
BUS
MÌOSACHAN
PÀIPEAR
RANNSACHADH
FACLAIR
FOGHLAM
SCISSORS
NA GEAMANNAN

GRÀMAR
TEAGASG
LITIR
LEUGHADH
MATH
PEANN
SIOPA
SAIDHEAN

# 38 - Gentilezza

```
U F A T T E N T I V E Y C L
J H R T U T K U R V D U H A
U Ì W I M F A I G H I N N O
T O V G E S W G B A F E O I
E R G S H N O S I P W H S D
N H C F H A D E G P S E P H
M O D H A I L L O Y X N I F
Q M C X U I E U Y F I U D E
E U S L A I N T E A C H A U
K I M C E A D A C H A I L M
I O M R A D H E J V A N I A
A Q J Q S C L K E A U O T I
E A R B S A C H E J U W E L
Y Y M Y Z H O N E S T N F J
```

| | |
|---|---|
| EARBSACH | FHÌOR |
| FRIENDLY | HONEST |
| LAOIDH | OSPIDAL |
| ATTENTIVE | EUSLAINTEACH |
| IOMRADH | FAIGHINN |
| TUIGSE | MODHAIL |
| HAPPY | CEADACHAIL |
| CHUID | FEUMAIL |

# 39 - Barbecue

```
S  Z  K  G  M  C  C  K  T  S  N  J  R  S
F  S  A  C  R  U  L  M  E  A  S  A  N  A
B  I  E  E  P  I  L  S  A  L  A  C  A  L
H  O  T  A  E  R  L  Y  G  A  U  R  G  A
E  P  C  R  C  E  Ò  L  H  D  C  A  E  N
B  L  B  C  G  A  N  P  L  S  E  S  A  N
K  I  Y  P  T  D  Q  Q  A  S  S  T  M  T
N  Q  A  M  I  H  J  R  C  C  G  M  A  Z
X  P  I  O  B  A  R  H  H  J  E  F  N  Q
Q  K  A  Q  R  L  G  G  A  G  I  L  N  P
R  K  T  O  M  A  T  O  E  S  N  I  A  B
A  E  H  T  R  T  N  E  J  U  E  Z  N  Y
P  Z  A  S  T  S  A  M  H  R  A  D  H  D
A  N  D  Ì  N  N  E  A  R  F  N  P  H  J
```

| | |
|---|---|
| HOT | GRILL |
| AN DÌNNEAR | SALADS |
| BIA | CUIREADH |
| ORAN | CEÒL |
| SGEINEAN | PIOBAR |
| AS T-SAMHRADH | CEARC |
| ACRAS | TOMATOES |
| TEAGHLACH | LÒN |
| MEASAN | SALANN |
| NA GEAMANNAN | SAUCE |

# 40 - Riempire

```
B O X S V T T L B Z T P C E
E A R R C Ù R S A Y I A P D
A N R T G R A M G B Ù S S D
N K V R X K Y N A A B G S H
S V G E E E B H À S A A G H
G D W P L L R R O G A N P G
K L F E O O P M F A F G Z V
Y R D M V O P M À I L E I D
X P X P S W O E B D T X X O
D Q X T A D C L O U M N V O
E W J F W B K C T N C T N R
N J S N C H E Q A Y U A R W
T R K I W U T X L X R F I K
T S Z H Z G W K W Z S R C D
```

| | |
|---|---|
| CÙRSA | CUR |
| BARREL | BOX |
| BAGA | BUCAID |
| BOTAL | POCKET |
| ENVELOPE | TIÙB |
| PASGAN | MÀILEID |
| DOOR | BHÀSA |
| BASGAID | TRAY |

# 41 - Insetti

```
U C D W G I Y F E L L Y T M
E O R E O O S T B C S P S O
K C A T A R B E E T L E T S
P K G F G L M T M U U B R Q
I R O S P E A C H A M E P U
Z O N M M O A N A K N E O I
L A F O L A O I D H O T Q T
A C L T Q Y S Q E È U A I O
D H Y H K V A I U Z C I F S
Y O G R L A R V A Q I G L H
B R Z M J I R T R N C H E X
U N F J L D R W G X T A F A Y
G E J E F B A P H I D C E Z
M T Q N O M V O X R A R N C
```

APHID
BEE
HORNET
CICADA
LADYBUG
BEETLE
MOTH
DEALAN-DÈ
LARVA

DRAGONFLY
LAOIDH
MANTIS
FLEA
COCKROACH
TAIGH
WORM
SPEACH
MOSQUITO

# 42 - Erboristeria

```
L M C Z B M I N T H Y M E C
A V U B X H N R A F A R J À
O N L O V N G A R D E N Z I
I B I Q P A R S L E Y X A L
D F N I P R E O P L A N T E
H F A C Q O D D R M P E B A
P N R D U M I F I E W G S C
E O Y B V A E L E L G V C H
P F P E D T N Ù C N L A L D
B A S I L I T R I M N M N L
S E K X X C H A V N U E A O
R O S E M A R Y I M Y J L Q
T A R R A G O N K I N R D Y
S A F F R O N U A I N E R Q
```

| | |
|---|---|
| DILL | MINT |
| AROMATIC | OREGANO |
| BASIL | PLANT |
| CULINARY | PARSLEY |
| TARRAGON | CÀILEACHD |
| FENNEL | ROSEMARY |
| FLÙR | THYME |
| GARDEN | UAINE |
| INGREDIENT | SAFFRON |
| LAOIDH | |

# 43 - Danza

```
T R A I D I S E A N T A T I
C O M H R A D H C J W R L C
L E L I H C I M C Z K C B Q
B A È Z Y A O O E E S L C C
C L I E T D M R Ò K K A H R
U A R N H A R G L U A S A D
L I S P M M A V Q I X S C O
T N I F R A D W O L B I N J
A F N H S I H T L I G C Z A
R A N A U D D F R H C A U N
P À I R T H J O Y F U L Z G
P C H O R E O G R A P H Y I
C U L T A R A I L G R A C E
Z B G X O N F E G N S Y P I
```

| | |
|---|---|
| ACADAMAIDH | IOMRADH |
| EALAIN | JOYFUL |
| CLASSICAL | GRACE |
| PÀIRT | GLUASAD |
| CHOREOGRAPHY | CEÒL |
| COMHRADH | RHYTHM |
| CULTAR | TRAIDISEANTA |
| CULTARAIL | LÈIRSINN |

# 44 - Scuola #1

```
N  J  A  K  F  H  S  P  Ò  R  S  V  L  P
T  X  D  O  À  I  R  E  A  M  H  A  N  E
F  W  L  E  A  B  H  A  R  L  A  N  N  N
C  R  X  Z  F  L  Ò  N  Y  A  D  K  E  S
A  L  E  S  I  O  W  N  W  N  C  R  I  M
I  L  E  A  B  H  R  A  I  C  H  E  A  N
B  F  I  P  G  M  I  O  N  V  R  T  P  E
I  H  Y  C  P  A  A  P  À  I  P  E  A  R
D  U  H  O  D  F  I  T  F  Q  Y  A  S  N
E  X  A  M  S  D  O  R  H  V  J  G  G  S
I  M  O  J  N  T  E  O  T  V  M  A  A  P
L  K  G  I  S  P  P  A  J  E  N  S  N  Z
H  S  S  Z  G  B  M  R  S  Y  A  G  A  O
C  A  R  A  I  D  E  A  N  G  B  N  N  A
```

| | |
|---|---|
| AIBIDEIL | LEABHRAICHEAN |
| CARAIDEAN | MATH |
| LEABHARLANN | PEANN |
| PÀIPEAR | ÀIREAMHAN |
| PASGANAN | PENS |
| SPÒRS | LÒN |
| EXAMS | FREAGAIRTEAN |
| TEAGASG | DEASG |

# 45 - Fiori

```
P  S  J  P  I  P  L  H  B  T  Z  T  B  Q
B  E  Q  O  N  E  I  I  L  A  O  I  D  H
I  A  O  X  B  T  L  C  L  U  R  W  A  H
T  M  E  N  T  A  A  X  C  Y  C  E  N  I
U  R  Z  R  Y  L  C  R  T  T  H  A  D  B
L  A  W  H  J  B  J  A  S  M  I  N  E  I
I  I  A  U  E  Z  O  J  G  K  D  V  L  S
P  G  V  V  O  O  I  U  A  F  O  H  I  C
D  O  R  H  M  P  O  I  Q  M  T  H  O  U
A  M  A  G  N  O  L  I  A  U  I  Q  N  S
I  P  O  P  P  Y  G  A  R  D  E  N  I  A
S  U  N  F  L  O  W  E  R  Y  X  T  K  U
Y  B  R  Y  P  L  U  M  E  R  I  A  T  U
L  A  D  P  X  J  K  U  R  P  Y  D  R  T
```

| | |
|---|---|
| DANDELION | DAISY |
| GARDENIA | BOUQUET |
| JASMINE | ORCHID |
| LILY | POPPY |
| SUNFLOWER | PEONY |
| HIBISCUS | PETAL |
| LAOIDH | PLUMERIA |
| LILAC | SEAMRAIG |
| MAGNOLIA | TULIP |

# 46 - Ecologia

```
M M M Y U A D I B P L B Z I
Q T J H G G S B X V C A H S
L J A V D R O U G H T R T B
T G A I N M H I D H E A N Q
R F D A A X C K R S O N Z N
À G L K L X R V F E X T F A
L R E P U X U V L A A A R T
A M A R S H I C Ò S U S V U
O H S I A M N B R M A R A R
I V N G N K N E A H T M A N
D G A Y Y N E Ò I A R Ì M O
H K S E X M E T D C K L R C
N À D A R R A A H H D I N E
H P H W C X A U N W E C O P
```

TÌRE
DLEASNAS
AINMHIDHEAN
FLÒRAIDH
CRUINNE
ÀRAINNEAN
MARA
NATUR
NÀDARRA

MARSH
LUSAN
GOIREASAN
DROUGHT
BEÒ
SEASMHACH
BARANTAS
LAOIDH

# 47 - Discipline Scientifiche

```
I M E C H A N I C S M A P B
B M G E Ò L A S C V I I H I
E B M R X S Q N A E N R Y O
A O N U K K D P D X E N S C
T T S A N A T O M Y R A I H
H A S T R O N O M Y A C O E
A N O U N X L T Y I L H L M
C Y K W X H Q O R P O B O I
H C H A I D H G G Q G I G S
A R C E Ò L A S K Y Y I Y T
D N E U R O L O G Y A S H R
H E C O L O G Y T O U J G Y
R C À N A N A C H A S K C Y
A H B I O L E A C H D G I W
```

ANATOMY
ARC-EÒLAS
ASTRONOMY
BIOCHEMISTRY
BIOLEACHD
BOTANY
NOUN
ECOLOGY
PHYSIOLOGY

GEÒLAS
IMMUNOLOGY
CÀNANACHAS
MECHANICS
AIR NACH BI I
MINERALOGY
NEUROLOGY
BEATHACHADH
CHAIDH

# 48 - Scienza

```
G  I  J  T  D  A  N  E  L  A  T  H  A  H
U  Y  T  F  J  T  D  K  A  F  T  R  Y  Z
M  P  H  Y  P  O  T  H  E  S  I  S  W  M
N  È  I  G  U  M  L  T  Ì  R  E  S  O  K
G  A  I  E  V  O  L  U  T  I  O  N  I  W
R  Q  T  N  V  D  À  T  A  Q  L  E  C  C
A  T  D  U  N  H  F  E  N  H  Q  Z  U  B
V  O  C  E  R  I  F  O  S  S  I  L  W  X
I  G  D  X  S  U  R  M  N  A  F  O  F  T
T  Z  Z  V  S  C  I  E  N  T  I  S  T  F
Y  V  C  H  E  M  I  C  A  L  U  S  A  N
S  E  A  L  L  A  D  H  M  N  K  I  I  T
F  D  W  M  O  L  E  C  U  L  E  S  W  I
C  O  M  P  À  I  R  T  E  A  N  T  E  P
```

ATOM
CHEMICAL
TÌRE
DÀTA
EVOLUTION
FISIC
FOSSIL
GRAVITY
HYPOTHESIS

LATHA
MODH
MÈINNIREAN
MOLECULES
NATUR
SEALLADH
COM-PÀIRTEAN
LUSAN
SCIENTIST

# 49 - Acqua

```
D T M I A P U J S G T U I L
S D H X L S C U M E G T I U
M E A S A D H I Ù Y E L Q P
T I E Q B I C O I S I Q I M
U G R F Z R C A D E U H D O
A H E S X R J R N R S N O W
B N P K U I L M R À E K M Y
H J U C D G S N O O L A K E
A Z H O M A R B H I C X N U
I L Z U Y T H E U Q S E X O
N A M H À I N Y Y O P T A X
N Y J C A O M O N S O O N N
W A V E S N L A W V H F L A
W H X I E X V S X Q H L Q W
```

TUIL  
CANÀL  
A-MHÀIN  
MEASADH  
ABHAINN  
GEYSER  
DEIGH  
IRRIGATION  

LAKE  
MONSOON  
SNOW  
OCEAN  
WAVES  
MOIST  
MARBH  
SMÙID

# 50 - Surf

```
T  F  N  J  T  R  Q  F  A  F  K  D  F  J
A  Ò  N  E  K  X  S  T  O  I  D  H  L  E
T  C  I  R  S  P  Ò  R  S  A  B  U  B  P
H  R  K  S  B  V  R  O  V  O  M  R  Y  S
L  J  R  E  E  W  O  T  H  I  U  F  X  T
E  O  N  Y  A  A  I  M  S  I  R  X  P  A
T  V  A  L  C  V  C  À  I  R  D  E  F  M
E  V  G  B  H  E  H  H  O  C  E  A  N  A
N  E  A  R  T  I  A  C  A  T  C  S  F  G
N  W  O  P  U  K  M  O  R  I  Y  E  S  P
N  G  I  Z  V  U  P  J  M  O  D  O  M  S
M  A  T  R  F  M  I  F  C  N  W  H  N  P
B  Q  H  O  T  R  O  A  I  O  M  D  L  Y
J  J  E  B  K  J  N  P  B  Q  I  U  S  U
```

ATHLETE            SEO
CHAMPION           TÒISEACHAIDH
SPÒRS              FOAM
ÀIRDE              JERSEY
CROWDS             BEACH
NEART              STOIDHLE
AIMSIR             STAMAG
OCEAN              NA GAOITHE
WAVE

# 51 - Imbarcazioni

```
Y A C H T M S D O C E V J K
H B C L K A Q H C B R Ò P A
H H J A F S A Q E E R E N Y
K A W K I T C Y A K I R W A
N I F E R R Y A N T E Y A K
R N P J E S N U N D K E V T
P N P F I E L W P O R L E L
R A F T N A M M W X E N S E
T X T L N Y T H M M V F A L
B U O Y S A I L B O A T I N
Z D H G E V R À E D Q X L X
R L H B A N W N X N Y V O X
X K N H N C J C I M D S R X
D Y V U C B I Z T Q V T T I
```

MAST
ACAIR
SAILBOAT
BUOY
CANOE
RÒP
DOC
CREW
ABHAINN
KAYAK

LAKE
SEA
- LÀN
SAILOR
EINNSEAN
OCEAN
WAVES
FERRY
YACHT
RAFT

# 52 - Api

```
F  U  E  K  E  W  À  M  B  W  F  Z  R  D
E  G  C  D  B  W  R  N  E  L  L  E  H  L
A  A  O  D  E  D  A  I  B  A  X  N  I  E
R  R  S  M  O  O  I  X  T  V  S  U  V  A
C  D  Y  L  D  H  N  V  R  J  T  A  E  S
I  E  S  U  L  B  N  G  U  M  J  M  N  N
U  N  T  S  Z  F  E  Z  A  E  B  I  A  A
I  N  E  A  N  P  A  B  I  K  I  L  L  S
L  M  M  N  A  Z  N  F  L  O  W  E  R  S
S  G  I  A  T  H  A  N  L  O  A  D  M  W
Z  X  N  E  P  A  S  P  E  D  S  H  M  A
M  G  Z  V  F  P  Q  J  A  I  V  S  A  R
H  U  D  S  W  J  G  J  D  D  L  X  O  M
A  B  H  A  N  R  I  G  H  O  O  A  G  M
```

| | |
|---|---|
| SGIATHAN | SMO |
| HIVE | GARDEN |
| FEAR-CIUIL | ÀRAINNEAN |
| WAX | DH' |
| BIA | MIL |
| DLEASNAS | LUSAN |
| ECOSYSTEM | TRUAILLEADH |
| FLOWERS | A ' BHANRIGH |
| BLOSSOM | SWARM |
| MEASAN | DIDO |

# 53 - Conservazione

```
P O S B J N G O X D W Z Y M
I F R K S L À I N T E L T Z
C O D G J Z P D X T S S L K
O G M C A D C U A Ì F F D D
C H Q A K N G J K R G W S X
W L M E G U I H O E R Q S R
R A I C H A W C Q R C A Z Q
W M E À R A I N N E A C H D
E U I S G E K N H C Z T Z I
P E S T I C I D E Y Y C M U
E C O S Y S T E M C J C H A
S E A S M H A C H L R H R Q
G U T R U A I L L E A D H B
U A I N E C U A I R T I C H
```

| | |
|---|---|
| UISGE | ORGANIC |
| ÀRAINNEACHD | PESTICIDE |
| CUAIRTICH | IOMAGAIN |
| TÌRE | RECYCLE |
| ECOSYSTEM | SLÀINTE |
| FOGHLAM | SEASMHACH |
| TRUAILLEADH | UAINE |
| NÀDARRA | |

# 54 - Strumenti Musicali

```
T T R U M P E T L D L Q O E
A R A L U X V R X R H E A F
D E O M A R I M B A T Q G G
Q Y O M B G O N G I O T À R
X W B H P A L F A R A I M S
H O F X R A I J P O M O M A
B A S S O O N R P C A B C C
C L À R S A C H I F N O X S
D W Y I X S M J A N D E C A
F N R V P B B A N J O Y E F
C L A R I N E T O E L P L O
C D Ù P K R N J M G I Q L N
S W M R D R U M L L N U O R
Y P L C C Q T D R Z L Y G V
```

CLÀRSACH
BANJO
GIOTÀR
CLARINET
BASSOON
FLÙR
GONG
MANDOLIN
MARIMBA
OBOE

FARAIM
PIANO
SACSAFON
TAMBAIRIN
DRUM
TRUMPET
TROMPAN
VIOLIN
CELLO

# 55 - Professioni #2

```
P  R  Ì  O  M  H  N  X  V  C  V  X  W  D
E  J  D  E  F  F  L  I  N  G  U  I  S  T
A  H  P  I  J  P  H  Y  S  I  C  I  A  N
N  E  A  C  H  D  E  I  L  B  H  W  W  C
T  Q  J  N  R  T  C  A  A  E  W  D  U  H
A  E  C  S  P  D  E  T  E  C  T  I  V  E
I  F  A  R  M  E  R  O  P  Ì  L  E  A  T
R  V  R  G  A  R  D  E  N  E  R  A  G  E
E  G  D  S  A  U  R  N  U  I  G  H  I  N
A  R  A  N  N  S  A  C  H  A  D  H  W  R
E  B  I  O  L  O  G  I  S  T  W  B  C  Y
I  N  V  E  N  T  O  R  L  N  B  J  A  Q
F  O  I  L  L  S  I  C  H  E  A  R  O  A
C  T  W  S  U  R  G  E  O  N  F  F  F  D
```

| | |
|---|---|
| FARMER | URNUIGH |
| PRÌOMH | NEACH-DEILBH |
| BIOLOGIST | TEAGASG |
| SURGEON | INVENTOR |
| FHIACLAIR | LINGUIST |
| DETECTIVE | PHYSICIAN |
| FOILLSICHEAR | PÌLEAT |
| B'E | PEANTAIR |
| GARDENER | RANNSACHADH |

# 56 - Letteratura

```
E  Ù  G  J  S  Q  S  A  N  A  L  O  G  Y
R  G  B  E  T  U  A  B  B  S  H  E  T  D
S  H  J  T  O  C  O  I  M  E  A  S  U  E
T  D  Y  G  I  H  B  I  Q  Z  A  O  B  W
C  A  Z  T  D  A  C  K  A  C  F  C  C  U
E  R  A  H  H  N  O  B  H  A  I  L  H  L
X  J  Z  E  L  M  D  M  A  R  C  T  P  D
B  Z  W  M  E  F  H  E  N  H  T  U  O  I
K  D  K  A  F  M  Ù  T  E  Y  I  I  E  A
S  E  Ò  R  S  A  N  A  C  M  O  R  T  L
B  O  D  À  N  N  A  P  D  E  N  E  I  O
P  B  K  S  U  U  D  H  O  M  M  A  C  G
B  I  S  B  K  P  H  O  T  S  D  D  F  U
G  C  V  F  N  Q  K  R  E  E  S  H  X  E
```

| | |
|---|---|
| ANALOGY | METAPHOR |
| ANECDOTE | BEACHD |
| ÙGHDAR | DÀN |
| CO-DHÙNADH | POETIC |
| COIMEAS | RHYME |
| TUIREADH | RHYTHM |
| DIALOGUE | NOBHAIL |
| FICTION | STOIDHLE |
| SEÒRSA | THEMA |

# 57 - Cibo #2

```
C  À  I  S  E  J  O  H  B  C  W  K  Z  D
K  H  X  S  K  K  C  M  A  M  K  R  Z  X
B  R  O  C  C  O  L  I  N  F  K  I  H  F
W  B  H  C  B  C  O  A  A  I  U  C  W  H
K  B  Y  O  O  E  M  A  N  T  C  E  M  I
I  Z  L  C  B  L  T  C  A  Z  T  C  U  X
Q  A  P  P  L  E  A  V  C  Q  O  E  S  Q
G  O  S  F  H  R  R  T  H  A  M  A  H  D
G  X  U  G  H  Y  A  T  E  O  A  R  R  S
E  G  G  P  L  A  N  T  R  F  T  C  O  W
G  R  A  P  E  J  B  K  R  A  O  V  O  K
C  Y  O  G  U  R  T  E  Y  L  Z  X  M  G
C  H  R  U  I  T  H  N  E  A  C  H  D  H
S  S  B  N  F  O  D  I  T  Y  A  X  O  A
```

| | |
|---|---|
| BANANA | ARAN |
| BROCCOLI | IASG |
| CHERRY | CEARC |
| CHOCOLATE | TOMATO |
| CÀISE | HAM |
| MUSHROOM | RICE |
| CHRUITHNEACHD | CELERY |
| KIWI | UGH |
| APPLE | GRAPE |
| EGGPLANT | YOGURT |

# 58 - Nutrizione

```
C  F  C  T  L  I  Q  U  I  D  S  L  O  P
U  E  O  O  C  C  E  I  S  T  E  A  N  R
I  R  C  X  A  N  A  B  Q  A  T  O  U  O
B  M  D  I  R  U  B  V  J  A  S  I  R  T
H  E  U  N  B  U  X  D  F  U  S  D  N  E
R  N  B  U  O  F  L  A  V  O  R  H  U  I
E  T  I  T  H  S  L  À  I  N  T  E  I  N
A  A  T  R  Y  F  U  V  L  B  W  A  G  S
N  T  T  I  D  R  G  B  P  Z  E  N  H  J
N  I  E  E  R  C  À  I  L  E  A  C  H  D
V  O  R  N  A  D  A  I  T  H  E  A  D  T
K  N  M  T  T  D  I  G  E  S  T  I  O  N
R  W  W  N  E  A  P  P  E  T  I  T  E  R
O  B  E  K  S  A  U  C  E  B  Y  G  E  U
```

BITTER
APPETITE
CARBOHYDRATES
CEISTEAN
DAITHEAD
DIGESTION
FERMENTATION
FLAVOR
LIQUIDS

NUTRIENT
URNUIGH
CUIBHREANN
PROTEINS
CÀILEACHD
SAUCE
SLÀINTE
LAOIDHEAN
TOXIN

# 59 - Matematica

```
À P A R A L L E L O G R A M R A M
S I F R A C T I O N J Q O Z
Y W R G A N G L E S C W V W
M B D E L I P A R A L L E L
M H E O A P E R I M E T E R
E U C M E M T R I A N T A N
T R I A T A H I G E P U Z S
R N M T A M S A G K Q Y J I
Y U A R L A R P C C E A N N
I I L A H M V E O H Y E Q N
O G O S A V W O C N D B A D
T H T À I R E A M H A N E C
Z C I R C U M F E R E N C E
Z W M W D P O L Y G O N T Q
```

ANGLES         ÀIREAMHAN
ÀIREAMHACHD    PARALLEL
CIRCUMFERENCE   PARALLELOGRAM
DECIMAL        PERIMETER
URNUIGH        POLYGON
EASPONANT      CEANN
FRACTION       SYMMETRY
GEOMATRAS      TRIANTAN

# 60 - Vacanza #1

```
T H I O G A I D E A N U T L
F Z S L W A E J P S H M T M
P U V L A J L Z F B A B L E
P C P V E P L L T T U R A S
U P K K I M A V G A Q E O P
L M E D G L K D T I J L I B
B À O U F P E C H S H L D L
A I R G E A D R A B Q A H U
C L C E X I T I N E R A R Y
K E E À S W P T R A M A C N
P I C E R P U J O N E B N X
A D I I L Z U J I A G W K N
C C U S T O M A N D X I L I
K P P G I N Z Y N H W L A X
```

ADHBRANN
CÀR
THIOGAIDEAN
CUSTOMAN
ITINERARY
LAKE
UMBRELLA
ROINN

LAOIDH
TAISBEANADH
TRAMA
TURAS
MÀILEID
AIRGEADRA
BACKPACK

# 61 - Bagno

```
S S S M Ù I D J T L O R O R
M C I P T B H W A A I S P J
O F I A O Q F V I O B R A T
L A Q S B N V M G I B A T H
A U C K S A G B H D A Z Q V
D C B S I O N E B H G Z E I
H E X H H S R N E J O U V P
W T C O P T C S A M H À I N
P A D Y E N E X G P B H T G
B A T A R A I D H E A N O B
N M D W F S H A M P O O W R
K E X A U I S G E U D T E L
O N A R M G A R D X P L L A
Z D C K E G V C K B J B K H
```

UISGE
TOWEL
BATH
BATARAIDHEAN
A-MHÀIN
SCISSORS
TAIGH BEAG
LAOIDH

PERFUME
FAUCET
SIABANN
SHAMPOO
MOLADH
SPONGE
BRAT
SMÙID

# 62 - Meditazione

```
B Z J N E X J M J B C O K V
R I U A M L I I R K S J I T
E B W T O C O P E A C E N H
A F M U T U M I N D I H D O
T G I R I I R C W U Ù K N U
H A X D O U A C H L I V E G
A C G Q N D D B E Ù N E S H
D H C J S H H I D Ò I K S T
H D S E A L L A D H L S M S
L A I R E G L U A S A D K P
B N S À M H C H A I R L O G
T E A G A S G A W A K E A Y
S F U G E E Z P G I I R N C
S O I L L E I R E A C H D S
```

ACHDAN
AIRE
CIÙIN
SOILLEIREACHD
IOMRADH
EMOTIONS
KINDNESS
CHÙIS
TEAGASG
MIND

GLUASAD
CEÒL
NATUR
PEACE
THOUGHTS
SEALLADH
BREATHADH
SÀMHCHAIR
AWAKE

# 63 - Estate

```
B F V Q B X P V N G B Y I C
D E Q G I L S A N D A L S A
W A A T D U Q C E Ò L Q C M
H L C C Z D J A U O H B U P
R M G H H E N T G U V J R A
B G L C A R A I D E A N S D
I E V H V I J O Y S C S E H
A D U U K T G N G T E R A T
L A O I D H M H A A U A C E
D Z S M W K L M R R Q I H A
M O O V B M X R D S E J A G
W B Y J P Z R Z E U W F D A
X N A G E A M A N N A N A S
R I P T E A G H L A C H N G
```

CARAIDEAN
CAMPADH
DACHAIGH
BIA
TEAGHLACH
GARDEN
NA GEAMANNAN
JOY
SEA

CEÒL
LAOIDH
SANDALS
BEACH
STARS
CUR-SEACHADAN
VACATION
TEAGASG

# 64 - Escursionismo

```
H E A V Y A I R A M H A P A
W S W I U L L A C H A D H W
T T C A M P A D H I X N H W
N A T U R S L B O O T S A B
P À I R T V I C L A C H A N
J D U P V K T R D D Z F F C
M O U N T A I N I X T I J O
Q C Y R Ì N M O D J H A Z M
T U E W R Q C I O U T D I H
A I N M E A C H A D H H Ù A
P S X H S H Y W B O S A I I
V G S G Ì T H E P V C I L R
O E X B K G N J C J F C B Q
A Q F T V A J K W F Z H T Q
```

UISGE
AINMEACHADH
CAMPADH
TÌRE
IÙIL
AIR A ' MHAPA
AIMSIR
MOUNTAIN
NATUR

COMHAIR
PÀIRT
HEAVY
CLACHAN
ULLACHADH
FIADHAICH
DIDO
SGÌTH
BOOTS

# 65 - Professioni #1

```
Z N Q M B F O Z K Z U K N D
J D U H R A I H Z O R C E E
S E C R V K N C V A N A A A
C K W U S F G K E S U R C S
I A Q E M E M H E T I T H A
E W V P L U M B E R G O P I
N C N E F E J J A O H G I C
T O S G A I R E L N D R À H
I I Q L E B U P A O A A N E
S D H Z D C Y S I M N P A L
T S O H J Y S D N E C H K L
G E O L O G I S T R E E H F
N E A C H L A G H K R R K R
P H A R M A C I S T Q O B V
```

COIDSE

TOSGAIRE

EALAIN

ASTRONOMER

NEACH-LAGH

DANCER

BANKER

URNUIGH

CARTOGRAPHER

DEASAICHE

PHARMACIST

GEOLOGIST

JEWELER

PLUMBER

NURSE

NEACH-PIÀNA

SCIENTIST

# 66 - Antartide

```
S A I D H E A N S B H O A C
M P T B F R U B H A E R M D
R À R A I N N I L F R B È M
G L A C I E R S S L N V I F
I L T E K S Q H G G V Q N M
D A O I N E B N N B E N N O
X E Q V E I L E A N A N I L
B H O V Ò M U C A N M A R A
Q À N H I B X J V N W Z E D
B Y S F L X W R I J A F A H
A ' L E A N T A I N N D N P
T E Ò T H A C H D E I G H S
C O M H R A D H E P I Z X G
R A N N S A C H A D H A G R
```

| | |
|---|---|
| UISGE | EILEANAN |
| ÀRAINN | MOLADH |
| BÀS | MÈINNIREAN |
| MUCAN-MARA | NEÒIL |
| COMHRADH | RUBHA |
| A 'LEANTAINN | RANNSACHADH |
| DAOINE | SAIDHEANS |
| GLACIERS | TAISBEANADH |
| DEIGH | TEÒTHACHD |

# 67 - Libri

```
I F T Y Z L C P E I G I W M
N C R U I N N E A C H A D H
V D A Z X O F E C G A I U S
E S I M S B N F H U E I P G
N T G S G H R R D L I T I R
T È H R E A D E R S S S C Ì
I I I A U I L C A U D O O O
V D D I L L N Y I R V C T B
E H E T A F P K D C C S H H
P P A H C L Ù G H D A R E A
Y T C C H D U A L I T Y A D
Z L H J D D A O N N A X C H
Y P N O U D À N A C H D S X
B À R D A C H D P R R W A N
```

ÙGHDAR
DÀNACHD
CRUINNEACHADH
CO-THEACSA
DUALITY
GU
INVENTIVE
LITIR
READER
STÈIDH

PAGE
BÀRDACHD
NOBHAIL
SGRÌOBHADH
SRAITH
SGEULACHD
EACHDRAIDH
TRAIGHIDEACH
DAONNA

# 68 - Geografia

```
A  I  R  A  M  H  A  P  A  R  S  D  M  S
'  H  K  A  S  F  F  G  M  E  T  O  E  D
L  Z  H  Q  X  K  V  E  F  G  S  M  R  H
E  D  E  A  S  T  F  I  T  I  A  H  I  N
A  Ù  M  A  T  F  Q  L  U  O  O  A  D  A
N  T  I  O  L  R  I  E  A  N  G  N  I  B
T  H  S  C  I  T  Y  A  T  T  H  F  A  H
A  C  P  D  I  R  I  N  H  V  A  H  N  A
I  H  H  S  E  A  E  T  S  V  I  A  L  I
N  A  E  A  T  L  A  S  U  Y  L  D  G  N
N  S  R  I  M  V  X  J  T  D  H  G  S  N
R  N  E  J  A  A  Y  D  J  E  E  I  S  Y
D  O  M  H  A  N  L  E  U  D  Q  B  G  H
W  V  Z  Y  O  T  S  N  P  G  F  T  L  T
```

| | |
|---|---|
| ALTITUDE | SEA |
| ATLAS | MERIDIAN |
| CITY | T-SAOGHAIL |
| A 'LEANTAINN | MOIRE |
| HEMISPHERE | TUATH |
| ABHAINN | IAR |
| EILEAN | DÙTHCHAS |
| DOMHAN-LEUD | REGION |
| DOMHAN-FHAD | DEAS |
| AIR A ' MHAPA | RI |

# 69 - Cibo #1

```
C B S T R A W B E R R Y B H
È W A V O C A D O M H T V N
I Y I S I Ù C A I R L S L H
C S P T I V P L S A L A N N
H T E O U L P K M E A D H G
G W U L K N S L I A S A I D
B A R L E Y A B N T D H M D
C S A E C U R R A N Z R L B
G I N M I N T X P I A I F X
I N W O Z A Z Q P J N O T R
C I N N A M O N T U R N I P
F O F D C C A T J I Z I E H
C E W C X A C I R C O O A D
B U I L E A N N P E S N Q Z
```

| | |
|---|---|
| AVOCADO | MINT |
| BASIL | BARLEY |
| CINNAMON | PEURAN |
| MEADH | TURNIP |
| CURRAN | SALANN |
| ONION | SLIASAID |
| STRAWBERRY | JUICE |
| BUILEANN | TUNA |
| BAINNE | CÈIC |
| LEMON | SIÙCAIR |

# 70 - Aeroplani

```
T  H  E  D  C  D  P  E  E  R  X  A  T  A
N  Y  I  M  S  D  A  I  V  J  E  L  O  N
C  D  Z  K  G  C  S  N  E  Z  A  T  G  À
O  R  E  V  D  G  S  N  G  E  C  I  A  R
N  O  G  Q  N  À  E  S  M  I  H  T  I  D
N  G  S  K  Y  J  N  E  E  M  D  U  L  B
A  E  C  R  S  X  G  A  M  U  R  D  Z  H
D  N  R  Z  Z  N  E  N  C  Z  A  E  T  A
H  H  M  G  K  M  R  Z  R  H  I  P  A  I
B  A  L  L  O  O  N  Y  E  D  D  Ì  L  L
A  D  H  A  I  R  M  R  W  F  H  L  A  E
M  G  L  U  A  S  A  D  Y  O  S  E  M  N
À  I  R  D  E  R  H  D  C  P  L  A  H  E
T  U  I  R  L  I  N  G  V  G  Q  T  R  W
```

| | |
|---|---|
| ÀIRDE | TUIRLING |
| ALTITUDE | CREW |
| ADHAIR | HYDROGEN |
| AN ÀRD-BHAILE | EINNSEAN |
| TALAMH | GLUASAD |
| DÀNACHD | BALLOON |
| CONNADH | PASSENGER |
| SKY | PÌLEAT |
| TOGAIL | EACHDRAIDH |

# 71 - Pirati

```
D P Z I O D T B A X L C B A
I À E Y S W F R Q Y T E H I
P J N O I S I A O V I Y O R
P C U A M H V T F C C W C A
R B T T C A P A L O E N H M
P E L Z P H W C O I Q A U H
T A O P C V D H T N U C N A
R C R O A C N E I L E A N P
E H S R U U S W O R D I A A
A C D I O M R A D H J R R Q
S T B A D T G O L D C U T P
U M C C R E W E L R L F X V
R Y X P A X U L A O I D H X
E G C K K Y K N Y U C U M A
```

| | |
|---|---|
| ACAIR | LAOIDH |
| DÀNACHD | AIR A ' MHAPA |
| BRATACH | COIN |
| IOMRADH | OCEAN |
| CAPAL | GOLD |
| BAD | PARROT |
| NOISIA | BHO CHUNNART |
| CREW | SWORD |
| UAMH | BEACH |
| EILEAN | TREASURE |

# 72 - Colori

```
P N C B T X : C W L M M D S
S A Z Y E X S D E F A I U E
Q W Y B X S A N F U I G B P
U A I N E P I N K C D O H I
G B E I G E D M F H È R S A
E L R O O U H B K S A M Z R
A K A N R R E D B I N J C G
L O Q S O G A Q Q A T O R L
I K H Q B H N I N L A S Q E
K R T T Z O T G N C A R N D
W F B Q R R H B I S N N F Z
D E J V S M D O N N N F H V
P U R P A I D H N H I I H F
X T M Y O Q B U I D H E L V
```

ORAINS                    MAIDÈANTA ANN
SPEUR-GHORM               DONN
BEIGE                     DUBH
GEAL                      PINK
GORM                      RED
: SAIDHEAN                SEPIA
FUCHSIA                   UAINE
BUIDHE                    PURPAIDH
GLAS

# 73 - Spiaggia

```
U M B R E L L A M H À I N N
Q K À S E W M F G N O B X Q
X D T T N O R I U N A B X M
V S A I L B O A T D N M W N
A K W K F V W E T O I M F Y
C J P Q Z K E I G O R M W B
A T T B U V O L B J W U D S
T U J A H C K E J E W E J A
I I S O X R E A C R S Z L N
O C E A N A J N K S S A N D
N V N C F B S D F E E Y S A
L A G O O N Z I O Y A A M L
T S R M S T D D N C I H H S
E V S W B F F O U D V J V F
```

TOWEL
BÀTA
SAILBOAT
GORM
A-MHÀIN
DOC
CRAB
EILEAN
LAGOON

SEA
OCEAN
UMBRELLA
SAND
SANDALS
JERSEY
DIDO
VACATION

# 74 - Avventura

```
U F N V L C D Z C S G K I E
C L E A S A L V H I B B Q X
L U Z D N R E Z E L M E O C
C P O H A A A Q A W D O K U
D P S X I I S S N A T U R R
H Ù R R G D N M N S H E W S
M H B I H E A J U D L D D I
C W T H E A S À I L L E E O
O N L B A N N E D X X H A N
T V G T C L A I H Z M H L S
H V H J H I A E E K T A A M
R P T O D X N N L J K R S Y
O L S Y U L L A C H A D H T
M D E I T I N E R A R Y N G
```

CARAIDEAN
CLEAS
ÀILLE
COTHROM
CHEANN-UIDHE
DLEASNAS
DEALAS
EXCURSION

JOY
ITINERARY
NATUR
NAIGHEACHD
ÙR
ULLACHADH
DÙBHALAN

# 75 - Forme

```
A  I  V  C  O  B  P  Q  X  J  P  C  T  O
R  O  J  K  W  I  G  R  K  G  H  U  R  I
C  O  N  E  P  J  M  M  I  T  C  R  I  S
U  U  D  L  I  N  E  N  C  S  U  V  A  E
B  K  H  L  O  S  W  Y  M  O  M  E  N  A
E  S  Y  I  O  M  A  L  L  A  N  Z  T  N
P  F  P  P  I  O  W  C  A  V  K  C  A  Z
O  Y  E  S  D  S  V  E  Y  R  A  Q  N  B
L  G  R  E  K  C  E  A  R  C  A  L  L  M
Y  A  B  A  C  Z  S  N  L  O  Z  P  U  Q
G  Z  O  T  M  S  M  N  A  I  Y  T  X  C
O  L  L  H  S  I  O  L  A  N  D  A  I  R
N  A  A  Q  V  C  D  H  D  T  A  O  B  H
H  B  B  U  H  A  C  D  S  Q  O  J  E  V
```

OISEAN                    HYPERBOLA
ARC                       TAOBH
IOMALLAN                  LINE
CEARCALL                 OVAL
SIOLANDAIR               PYRAMID
CONE                      POLYGON
CUBE                      PRISM
CURVE                     CEANN
ELLIPSE                   TRIANTAN

# 76 - Oceano

```
S P O N G E E A S G A N N O
H T O O L K N S A L A N N Y
A V O C G O J X E Z L F Y S
R M Q R T P I A S G C X Z T
K U H C M O C G B À T A O E
T W P R S S P C O R A L J R
T I O A P E W U V Y C C E J
U W D B R A R V S C F P L Q
N A O E X N X H T U R T L E
A V L Q S M M H A R A S Y D
U E P C B H J E R S E Y F M
U S H G A A C L L Q D P I B
K M I W H I F Y P K W A S Z
A O N H M R Y A W E W Y H M
```

EASGANN
- MHARA
BÀTA
CORAL
DOLPHIN
SEANMHAIR
CRAB
TIDES
JELLYFISH
WAVES

OYSTER
IASG
OCTOPUS
SALANN
JERSEY
SPONGE
SHARK
TURTLE
STORM
TUNA

# 77 - Famiglia

```
M A T E R N A L W I S G Y L
A H Ò I G E U H C T Z A I T
S E A N M H A I R X T P A L
B M D E B P I P V B Z A N N
T K K M Z I R X C R P D C W
Z T X I W U B B R O T H E R
A A U N T T E P N U H M S O
T C O O G H A A I E E À T T
P C L Y I A N T G A P T O D
L Q J Z H R A E H S D H R W
S E A N A I R R E A U A E F
V X H Q Z K I N A K I I D W
E H Y Z O C L A N N N R U Z
K W H M Y E K L M J E M J X
```

| | |
|---|---|
| ANCESTOR | BEAN |
| CLANN | NEPHEW |
| CO-OGHA | SEANMHAIR |
| NIGHEAN | SEANAIR |
| BROTHER | ATHAIR |
| A H-ÒIGE, | PATERNAL |
| MÀTHAIR | PIUTHAR |
| DUINE | AUNT |
| MATERNAL | UAIR |

# 78 - Veicoli

```
T R A F T Y A M T I R E S S
L R S C O O T E R T R F U U
W À A Q Q I E D È W O E B B
S O R C A R A V A N C R M W
F B J A T Q B U N T A R A A
N F S H I A Q Y B Y I Y R Y
V L Q Z I D R N À C D N I R
Y R T T O S H U T T L E N O
A D H B R A N N A A L X E T
H E I L E A C O P T A I R H
B U S B M L O À D R I X K A
T A C S A I D H R Q O R L I
A Q V Y S P E R E B N F I R
A Y G P Y M G B X U A W O R
```

| | |
|---|---|
| ADHBRANN | SHUTTLE |
| CÀR | TIRES |
| BUS | ROCAID |
| BÀTA | SCOOTER |
| ROTHAIR | SUBMARINE |
| LÀRAIDH | TACSAIDH |
| CARAVAN | FERRY |
| HEILEACOPTAIR | TRACTAR |
| SUBWAY | TRÈAN |
| CO | RAFT |

# 79 - Natura

```
W I A E T J Q D S C K H L P
S O R U R T N F E E R T S A
A A T B O R E O E S R N V I
N B A E P F Ò L X U E E A N
C H C A A C I I Q U P R N M
T A H N I G L A C I E R T E
U I G N C Q G D J C S T A
A N Y À E T F E M H O N G C
R N J I A A W X L K A P K H
Y L L L C F O R E S T I R A
N U M L H F A S G A D H C D
P E B E O T H A I L Q H Z H
D E A T A M A C H L Z L P B
U G U J B T W L R P T C E S
```

AINMEACHADH
BEAN
ARTACH
ÀILLE
DESERT
BEOTHAIL
ABHAINN
FOLIAGE
FOREST

GLACIER
NEÒIL
FASGADH
SANCTUARY
FIADHAICH
SERENE
TROPAIGEACH
DEATAMACH

# 80 - Balletto

```
D A N N S A I R E A N F O B
H S Q G Y J C E X Y U M R K
C Q S I R H Y T H M A U C I
H R Q T A A H P E A C S H W
O N T I O Q C C I A Y C E S
R A G J N I R E E W D L S J
E Q S T C T D V F Ò N E T I
O I V X O F O H D U L S R P
G R R S M S L L L G L C A T
R T Q N H S G I L E O O B K
A I O M R A D H L O U S H E
P I O S A U R N U I G H R D
H Q E G D B H V W S G R S V
Y T E C H N I Q U E P I J O
```

SGIL
DANNSAIREAN
COMHRADH
CHOREOGRAPHY
IOMRADH
GRACEFUL
ON

MUSCLES
CEÒL
ORCHESTRA
URNUIGH
RHYTHM
STOIDHLE
TECHNIQUE

# 81 - Castelli

```
D O K E M P I R E E A C H K
Y A N K N W R P D L R H N A
N Q I Z X Y X I K W M J F N
A Y G N S I B M N M O Z Y D
S A H O G W H C M C R Z G U
T R T B I N R O F O E C E F
Y Ì M L A R I S W O R D A W
Y O U E T D T C A V W A O N
L G T M H A Ù D H T B G Z S
B H F Z Q P R I O N N S A K
C A M S M O C A T H A C H D
M C L B F B H A F O Z P X L
W H C L A C H B H O G H A C
K D V Y A L Ù C H A I R T O
```

ARMOR
CLACH-BHOGHA
KNIGHT
EACH
DYNASTY
CATHACH
BHA FO
DAINGNICH
EMPIRE
NOBLE

LÙCHAIRT
BALLA
PRINCE
PRIONNSA
RÌOGHACHD
SGIATH
SWORD
TÙR
AON

# 82 - Campionato

```
I  C  C  O  I  D  S  E  L  N  E  D  X  R
J  O  C  H  N  Z  S  Q  D  A  J  I  V  P
W  I  F  K  A  S  P  Ò  R  S  O  V  L  B
O  L  Ì  O  G  M  G  E  S  Q  X  I  J  T
A  E  S  D  E  N  P  I  N  B  F  K  D  C
F  A  R  P  A  I  S  I  O  J  R  J  N  H
X  N  Q  B  M  U  T  G  O  B  L  X  E  L
V  A  C  J  A  G  W  E  Q  N  A  A  X  N
C  D  H  U  N  L  Q  U  Y  I  S  J  P  U
V  H  U  P  N  U  W  N  F  O  K  H  N  D
D  V  W  L  A  A  M  B  O  N  N  A  I  I
B  K  G  N  N  S  B  U  A  I  D  H  K  P
W  A  X  J  M  A  C  H  A  M  P  I  O  N
S  C  Z  W  D  D  K  X  A  M  R  F  E  I
```

COIDSE
CHAMPIONSHIP
CHAMPION
NA GEAMANNAN
LAOIDH
LÌOG
AM BONN

GLUASAD
COILEANADH
SPÒRS
SGIOBA
FARPAIS
BUAIDH

# 83 - Foresta Pluviale

```
F  D  L  E  A  S  N  A  S  N  D  D  O  V
E  L  L  U  W  N  O  O  Q  T  Ù  F  A  M
N  B  O  T  A  N  I  C  A  L  T  S  M  A
A  E  Z  Ì  N  C  E  Q  W  A  H  P  P  M
T  Ò  K  R  V  E  H  Q  K  K  C  È  H  A
U  B  L  E  K  Ò  Ò  V  Y  F  H  I  I  I
R  B  W  P  U  I  K  I  M  M  A  S  B  L
C  R  I  Q  T  N  I  M  L  O  S  Y  I  E
I  E  F  B  X  K  G  P  M  A  A  L  A  A
J  R  L  O  S  A  W  J  M  N  C  Y  N  N
L  C  K  V  Q  N  T  F  S  O  H  K  S  I
A  T  F  B  P  D  X  W  R  Q  S  O  B  A
I  N  N  S  E  A  N  D  F  H  Q  S  X  G
N  P  W  C  R  E  C  K  V  L  X  F  L  N
```

| | |
|---|---|
| AMPHIBIANS | NATUR |
| BOTANICAL | NEÒIL |
| TÌRE | LUACH |
| DLEASNAS | III |
| DÙTHCHASACH | DO |
| INNSEAN | SPÈIS |
| MAMAILEAN | BEÒ |
| MOSS | EÒIN |

# 84 - Edifici

```
F  N  T  A  I  G  H  Ò  S  T  A  O  O  T
C  À  Ù  A  G  M  I  E  G  H  N  B  S  E
M  Ò  R  B  H  Ù  T  H  O  V  T  S  P  N
Z  N  H  O  V  O  H  S  I  F  S  E  I  T
D  K  C  F  S  S  E  G  L  G  A  R  D  B
S  F  V  X  B  Q  A  Ì  T  F  B  V  A  T
A  Z  S  O  V  V  T  R  G  A  H  A  L  J
C  I  N  E  M  A  R  E  P  R  A  T  J  Q
C  A  I  S  T  E  A  L  M  M  I  O  I  C
D  S  U  P  F  R  X  J  Q  B  L  R  K  A
F  A  C  T  A  R  A  I  D  H  A  Y  P  B
D  H  E  I  R  E  A  D  H  Z  T  S  E  I
U  R  N  U  I  G  H  C  V  B  H  T  S  N
I  J  A  K  S  U  Y  S  I  G  A  Y  T  Y
```

| | |
|---|---|
| EMBASSY | OSPIDAL |
| ÀROS | OBSERVATORY |
| CABIN | SGÌRE |
| CAISTEAL | SGOIL |
| CINEMA | DHEIREADH |
| FACTARAIDH | MÒR-BHÙTH |
| FARM | THEATR |
| AN T-SABHAIL | TENT |
| TAIGH-ÒSTA | TÙR |
| LATHA | URNUIGH |

# 85 - Paesi #2

```
Y N I G È I R I A È L I D A
R E L X V K K O K I À N I L
M P M N E A P À L R T N A B
E U K E M M N Z T I H D M À
Z P V Q N A A R R N O I E I
S O M À I L I A U N S N U N
I P E H U O S T O I U N G I
A A X A G P L U P D S S A A
P C I I R T I K D S G E G R
A A C T A W B O W A C D H O
N S O I I W È T W C N D R Y
V T H P N K I R Y H L M È T
R A A S W M R H W N N N I L
A N D A N M H A I R C X G D
```

ALBÀINIA
AN DANMHAIRC
NA
DIAMEUGA
IAPAN
A 'GHRÈIG
HAITI
INND INNSE
ÈIRINN
LÀTHOS

LIBÈIR
MEXICO
NEAPÀL
NIGÈIRIA
PACASTAN
AN RUIS
YEMEN
SOMÀILIA
SUDAN
UGRAIN

# 86 - Tipi di Capelli

```
C T W R K J N E P D U B H F
G E A L B L A R L A P S C A
Q L Z D A I P Z E T S H D D
M T A K L M G W A H L I Q O
Y X U S D S O F T T À N F N
C U R L S L I U A E I Y A N
N Y L B T T R S C J N M M V
Y W C A T L I C H X T F Ì I
M F U F Z F D U Z A E O O N
E B R A I D T A G N J D B I
E B L P T Z U E V H L R J T
E S Y J T Q C P T H I N I V
N Y K K L F O Z U W B I T F
G Y E X Y G J G I M Y H W Y
```

| | |
|---|---|
| GEAL | DONN |
| BLAR | SOFT |
| GOIRID | DUBH |
| BALD | MFU |
| DATHTE | CURLY |
| GLAS | CURLS |
| PLEATACH | SLÀINTE |
| MÌN | THIN |
| SHINY | TIUGH |
| FAD | BRAID |

# 87 - Vestiti

```
S  M  F  S  Z  S  E  S  Z  E  P  V  S  B
G  R  A  P  R  O  N  B  K  X  U  J  W  R
L  M  S  A  N  D  A  L  S  Ì  O  S  E  A
O  È  A  D  K  C  L  O  H  E  P  K  A  C
V  F  I  U  U  V  O  U  O  P  Z  K  T  E
E  M  N  N  N  Z  T  S  E  J  N  I  E  L
S  G  H  L  E  W  P  E  Z  N  E  M  R  E
P  Z  S  E  A  C  A  I  D  A  C  A  W  T
R  A  J  K  O  D  J  A  P  H  K  P  N  H
I  H  N  H  J  O  A  Z  J  A  L  A  F  S
G  E  B  T  P  C  M  T  G  L  A  D  U  C
U  X  X  E  S  T  A  D  R  B  C  V  N  A
E  D  D  R  M  O  S  U  E  A  E  P  T  R
S  W  I  D  W  R  G  Q  Z  Z  C  M  K  F
```

| | |
|---|---|
| DOCTOR | APRON |
| BRACELET | GLOVES |
| BLOUSE | JEANS |
| LÈINE | SWEATER |
| AD | FASAIN |
| MAPA | PANTS |
| NA H-ALBA | PAJAMAS |
| NECKLACE | SANDALS |
| SEACAID | SHOE |
| SÌOS | SCARF |

# 88 - Attività e Tempo Libero

```
B  I  X  C  H  O  X  P  Z  C  V  W  A  T
E  A  L  A  I  N  B  O  X  I  N  G  C  H
G  D  S  J  W  A  D  B  O  T  H  J  U  A
U  Q  P  E  A  N  T  A  D  H  I  V  R  T
R  J  W  U  B  V  B  D  N  M  K  O  S  H
N  Y  C  E  A  A  U  M  F  U  I  L  E  A
U  O  M  R  T  T  L  T  W  U  N  L  A  R
I  C  C  G  W  T  H  L  I  D  G  E  C  I
G  R  A  H  T  E  A  N  A  S  O  Y  H  A
H  U  M  S  D  A  B  V  E  I  I  B  A  S
Z  Q  P  Y  B  G  N  F  A  E  L  A  D  G
O  A  A  P  U  A  N  K  D  L  F  L  A  A
C  P  D  P  C  S  M  U  D  G  Q  L  N  I
E  J  H  R  H  G  J  U  X  E  M  W  M  R
```

EALAIN
BASEBALL
THATHAR
BOXING
CAMPADH
HIKING
GOILF
CUR-SEACHADAN

NOCHD
VOLLEYBALL
IASGAIR
PEANTADH
URNUIGH
TEANAS
TEAGASG

# 89 - Tecnologia

```
M D D E U V I R U S T C T Q
A È I C A M A R A G P N K R
S A D U U D Q B W C C P K E
F N S S P À A S G R Ì N R A
H A E B T T N R B P M V E N
Ì M A Q O A G D L B Y T E S
O H T J W B T N O Ì S Y T T
R F A H O N C I G R O D L Q
T Z C U R S O R S S S N N H G
G M H Y H R C R U T H C L Ò
F A I D H L E O E R I P A T
R A N N S A C H A D H C G C
B A T H A R B O G N B L S V
B H R A B H S A I R I N T X
```

BLOG
BHRABHSAIR
BYTES
RANNSACHADH
CURSOR
DÀTA
DIDSEATACH
FAIDHLE
CRUTH-CLÒ

EADAR-LÌON
SGRÌN
DÈANAMH
BATHAR-BOG
STATISTICS
CAMARA
MAS-FHÌOR
VIRUS

# 90 - Arte

```
I  C  E  R  A  M  I  C  C  C  Q  B  I  E
O  G  G  G  X  T  D  R  H  O  B  À  O  E
R  R  T  T  I  Q  E  U  I  M  B  R  M  P
S  A  M  H  L  A  A  T  A  H  R  D  F  N
S  U  M  O  O  D  L  H  D  R  O  A  H  I
Q  C  R  X  A  X  B  A  D  A  S  C  I  O
A  A  U  R  K  C  H  I  R  D  N  H  L  M
K  V  A  L  E  S  A  C  E  H  A  D  L  R
L  X  E  D  P  A  N  H  A  V  C  T  T  A
C  X  F  F  E  T  L  V  C  O  H  P  E  D
H  O  N  E  S  T  U  I  H  G  A  I  H  H
U  R  N  U  I  G  H  R  S  U  D  L  T  B
S  I  M  P  L  I  D  H  E  M  H  F  Q  E
P  S  J  H  Q  P  E  A  R  S  A  N  T  A
```

| | |
|---|---|
| CERAMIC | PEARSANTA |
| IOM-FHILLTE | BÀRDACHD |
| COMHRADH | SCULPTURE |
| CRUTHAICH | SIMPLIDH |
| DEALBHAN | SAMHLA |
| IOMRADH | URNUIGH |
| BROSNACHADH | SURREALISM |
| HONEST | MOOD |
| CHIAD DREACH | |

# 91 - Meteo

```
F M C G T M O N S O O N L H
B A I E B Ì D D K N A O X T
O R Ù À B C R P Y D R I P D
G B I R P Y U E I T I T O E
H H N R V V J M S O Z E L I
A N À R D B H A I L E Ò A G
F U L A O I D H O L S T R H
R R G I F P M J M D D H F Q
O N P Y D R O U G H T A Y R
I U H A Y X C S H D A C E B
S I W Q S J F L A B K H R A
E G S T O R M H O P P D D V
Z H C H L Z P B T U I L J F
R E T E E Q A U H L D L N F
```

TUIL
BOGHA-FROIS
AN ÀRD-BHAILE
CIÙIN
SKY
TÌRE
LAOIDH
DEIGH
MONSOON
CLOUD

GEÀRR
POLAR
DROUGHT
TEÒTHACHD
STORM
IOMGHAOTH
MILD
MARBH
URNUIGH

# 92 - Corpo Umano

```
S Q E Q C L U A S L O J K Z
T P L C O J B M Ù À R H I J
A C B E W H E H I M L Q O H
M I O A N K U A L H E B N S
A J W N A U L I Q C C M R C
G G C N H N P C D R N M T H
B R A I N B K H K I I H L I
S G Ì T H A I L N D U B H N
I I J S Q O O L E H H S G Z
T W B R R I O D E E L F S D
Y J H E C S I C A A G E K Y
O M F Q M N T L K N N Q I Q
H X B I F F J A W G N J N W
X B K I F R T D I G S I P I
```

| | |
|---|---|
| BEUL | JAW |
| ANKLE | CHIN |
| BRAIN | AOIS |
| AMHAICH | SÙIL |
| CRIDHE | CLUAS |
| AODANN | SKIN |
| KNEE | DUBH |
| ELBOW | SGÌTH |
| BILEAN | STAMAG |
| LÀMH | CEANN |

# 93 - Mammiferi

```
S  R  D  Z  C  Ù  X  I  T  H  B  U  L  L
I  O  U  D  O  L  P  H  I  N  F  C  V  C
O  M  I  F  Y  T  H  I  F  D  K  O  K  W
R  C  L  M  O  N  K  E  Y  Z  O  G  X  K
A  B  L  G  T  B  T  A  M  E  M  B  M  A
F  E  E  V  E  T  B  C  W  B  C  A  O  N
G  A  A  U  V  K  M  H  A  R  A  A  C  G
Y  R  G  R  A  B  B  I  T  A  I  Y  T  A
W  O  L  F  E  L  E  P  H  A  N  T  S  R
D  X  S  I  B  E  L  B  C  G  S  J  M  O
D  W  C  G  O  R  I  L  L  A  A  M  G  O
U  A  N  A  Z  N  M  Q  E  K  T  C  W  P
F  È  I  D  H  L  X  R  M  V  C  Y  R  A
I  T  W  Y  M  M  P  Z  V  O  Z  M  T  K
```

- MHARA          SIORAF
CÙ              GORILLA
KANGAROO        LION
EACH            WOLF
FÈIDH           BEAR
RABBIT          DUILLEAG
COYOTE          MONKEY
DOLPHIN         BULL
ELEPHANT        FOX
CAT             ZEBRA

# 94 - Arrampicata

```
X  D  W  S  A  I  R  A  M  H  A  P  A  T
V  Ù  B  N  E  C  U  L  A  I  D  H  X  R
O  B  E  Ò  L  A  I  C  H  E  V  A  D  È
B  H  A  Y  E  H  S  Y  T  Y  Z  N  A  A
A  A  Y  G  Ò  K  Z  M  B  T  Q  À  L  N
S  L  X  A  N  N  H  K  H  H  E  R  G  A
U  A  A  G  U  K  I  N  D  A  U  D  F  D
A  N  C  L  N  I  Ù  J  D  S  C  B  K  H
M  B  O  O  T  S  I  Y  Y  R  G  H  E  I
H  F  N  V  M  I  L  E  R  Y  N  A  D  K
Z  P  L  E  S  Q  T  Z  A  C  F  I  A  I
E  M  K  S  A  X  E  U  W  K  P  L  L  N
Z  U  V  K  E  R  R  A  D  Z  N  E  T  G
W  O  D  X  Q  N  T  I  K  E  V  G  F  Z
```

| | |
|---|---|
| ALTITUDE | GLOVES |
| AN ÀRD-BHAILE | IÙIL |
| CULAIDH | LEÒN |
| HIKING | AIR A ' MHAPA |
| EÒLAICHE | DÙBHALAN |
| TRÈANADH | SEASMHACHD |
| NEART | BOOTS |
| UAMH | |

# 95 - Animali Domestici

```
L Q P A J C B S P I C O W Ò
W D W I S U I S G E O Y V I
R C X G L J A F E C I B E G
J O Ù E I A S G U O L G T R
L K A E Z Z W V U F E L E I
Y U V B A Q Q X D D A L R D
W E C D R A B B I T R C I H
R Z N H D W P A R R O T N X
G P I O A K I T T E N C A W
R I U X J G R R N P U A R V
I W V X Q Z T M V N K T I P
P U P P Y K Y D P C C E A R
F D Q E G H C R W U R V N F
A Q W T U R T L E U L X Z G
```

| | |
|---|---|
| UISGE | KITTEN |
| CÙ | CAT |
| SEO | LIZARD |
| BIA | COW |
| AIGE | PARROT |
| COILEAR | IASG |
| RABBIT | TURTLE |
| ÒIGRIDH | LUCHAG |
| PUPPY | VETERINARIAN |

# 96 - Cucina

```
C H O P S T I C K S F Q Q S
J A R Z W C X P L P O J U G
L U O I Y A Z U M S R O G E
B L I Q Q R F N A P K I N I
O I X C E B X D P O S J E N
H J A F E A P V R N J A Q E
Z V D E V D U À O G E Q V A
Y Y P J F N O M N E R N X N
A C B G A T L H G D E J J A
L A O I D H E A N Z C S W X
N P B P F G R I L L I T Z W
E J H R A V M N L G P T S U
I M L T C I X N K X E E Z Y
Z W A Y J S N F R E E Z E R
```

| | |
|---|---|
| CHOPSTICKS | CARBAD |
| JUG | APRON |
| BIA | GRILL |
| BOBHLA | RECIPE |
| SGEINEAN | LAOIDHEAN |
| FREEZER | SPONGE |
| JUICE | COPAIN |
| FORKS | NAPKIN |
| ÀMHAINN | JAR |

# 97 - Vacanze #2

```
A I R A M H A P A R B Q G T
B M X C H E A N N U I D H E
E Z W Ò T A C S A I D H V N
A C A M P A D H I T C X S T
C Y W H E I L E A N Q B S G
H S Y D E A L B H A N R L L
Z R E H A I R P O R T G V T
T U R A S F O R E I G N E R
Y T A I G H Ò S T A Y S C È
C X E L A O I D H P V I S A
C U R S E A C H A D A N D N
I K Q Q M O L A I D H E A N
P A S S P O R T C C S I U V
V Z N M D Y C R C I J Y V P
```

AIRPORT
CAMPADH
CHEANN-UIDHE
DEALBHAN
TAIGH-ÒSTA
EILEAN
AIR A ' MHAPA
SEA
PASSPORT
MOLAIDHEAN

BEACH
FOREIGNER
TACSAIDH
CUR-SEACHADAN
TENT
CÒMHDHAIL
TRÈAN
LAOIDH
TURAS
VISA

# 98 - Attività

```
E C U R S E A C H A D A N O
C A Q C Q K C S O M P U D A
A F L M I B S M A G I C M B
M Y S A D Y G F B F Z F O F
P D G W I Z I I A S G A I R
A F C Y I N L G O N I N U L
D P L E J D B H L A O I D H
H L E J T R L E U G H A D H
P E A N T A D H D A N N S A
E A S H I K I N G C Y J V Z
A S E P G H S E A L G Z R T
Z U Ò O B A I R C I Ù I R D
J R R P H O T O G R A P H Y
U E R Z N B V Z J J X J E A
```

| | |
|---|---|
| SGIL | PHOTOGRAPHY |
| EALAIN | LEUGHADH |
| OBAIR-CIÙIRD | MAGIC |
| CLEAS | FIGHE |
| SEALG | IASGAIR |
| CAMPADH | PLEASURE |
| SEÒRR | PEANTADH |
| DANNSA | LAOIDH |
| HIKING | CUR-SEACHADAN |

# 99 - Forniture Artistiche

```
B  K  X  P  C  A  M  A  R  A  H  W  S  H
C  R  I  F  P  S  A  B  O  G  K  Q  L  N
I  R  U  I  S  G  E  A  L  H  A  H  Y  P
D  W  U  I  N  C  D  U  B  H  G  L  U  E
V  A  S  T  S  C  L  A  Y  Z  P  E  E  N
K  T  T  C  H  E  N  T  J  X  À  R  B  C
A  E  H  H  B  A  A  B  R  G  I  A  E  I
I  R  D  K  A  E  C  N  O  B  P  S  A  L
A  C  J  U  P  N  L  H  X  I  E  E  C  S
B  O  L  A  N  B  À  E  A  C  A  R  H  S
D  L  S  F  G  F  R  S  F  D  R  Z  D  N
Y  O  B  F  E  A  S  E  L  G  H  L  A  C
G  R  C  A  T  H  R  A  I  C  H  E  N  U
L  S  A  C  R  Y  L  I  C  N  M  H  R  C
```

| | |
|---|---|
| UISGE | ERASER |
| WATERCOLORS | BEACHDAN |
| ACRYLIC | INC DUBH |
| CLAY | PENCILS |
| PÀIPEAR | OLA |
| EASEL | CATHRAICHE |
| GLUE | BRUISEAN |
| DATHAN | CLÀR |
| CRUTHACHADH | CAMARA |

# 100 - Misurazioni

```
V H M T O N J Z K A L V X A
F I A O U N C E I C E N I B
F A R M E F Q F L Ò U K G H
R M I A E P E H O I D W U I
O Z K D P I T F G R O G M T
M I O N A I D E R L À N P H
M L I T I R X C A E I G A A
U H F A O W H E M A R R F D
R L E E Y M D U N C D A A A
N N A A A T T M Z H E M J A
U J R I T P C J B A I D H T
I Y G I W A D E C I M A L I
G Z J M Y K I L O M E T E R
H S J O P Z J R P B E E D S
```

ÀIRDE
BAIDHT
IONAD
KILOGRAM
KILOMETER
DECIMAL
CEUM
GRAM
LEUD
LITIR

FAID
TOMAD
MHEATAIR
MIONAID
OUNCE
URNUIGH
ÒIRLEACH
A BHITH A
TON

## 1 - Scacchi

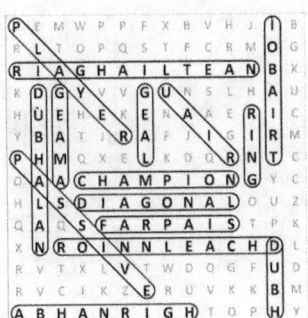

## 2 - Strumenti

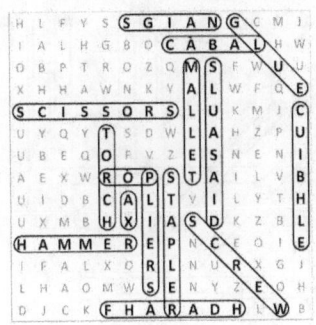

## 3 - Aggettivi #2

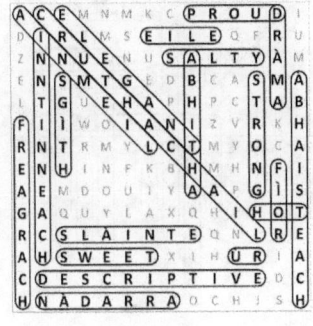

## 4 - Mobili

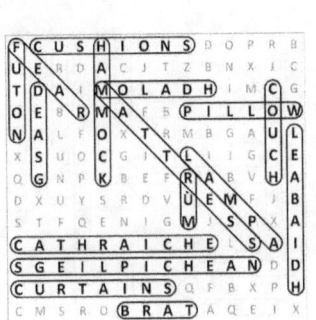

## 5 - Pesca

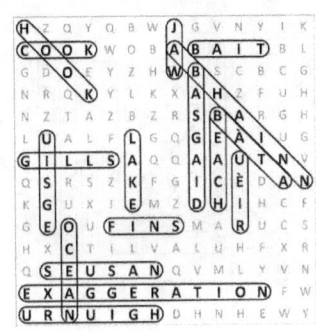

## 6 - Aggettivi #1

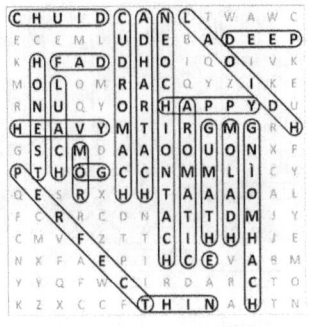

## 7 - Geologia

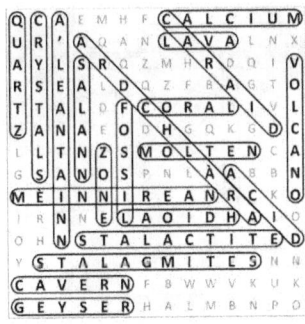

## 8 - Campeggio

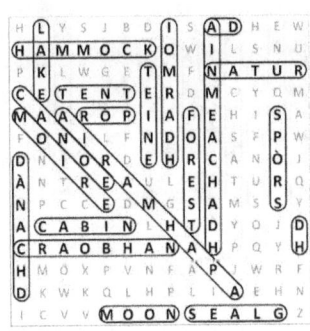

## 9 - Arti Visive

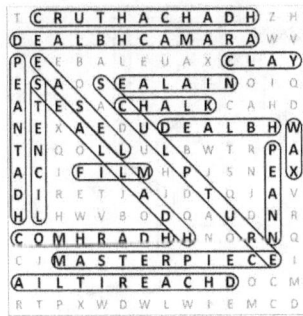

## 10 - Tempo

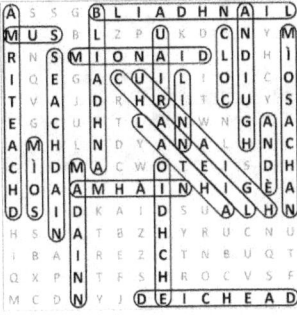

## 11 - Autunno

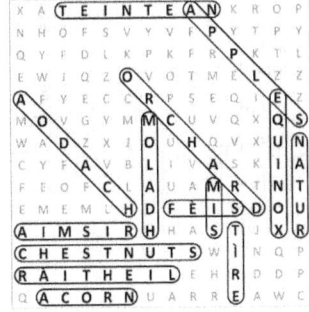

## 12 - Astronomia

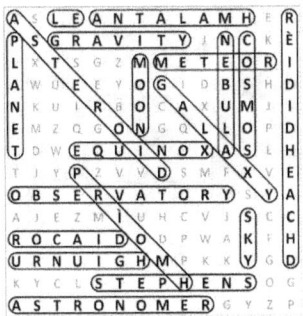

## 13 - Circo

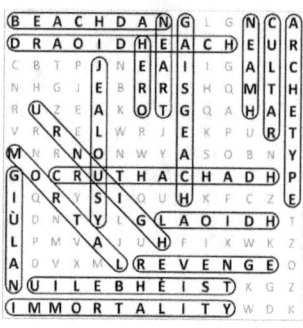

## 14 - Mitologia

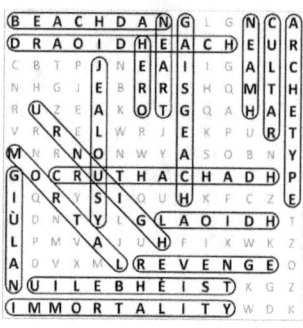

## 15 - Piante

## 16 - Spezie

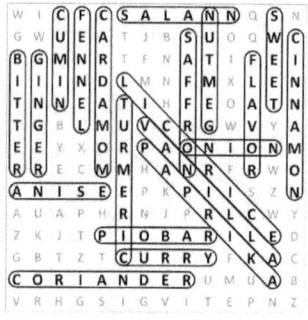

## 17 - Numeri

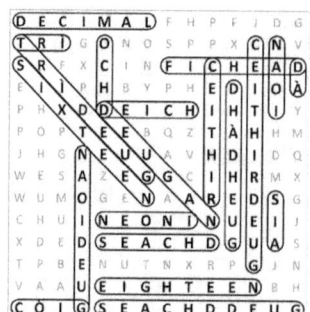

## 18 - Cioccolato

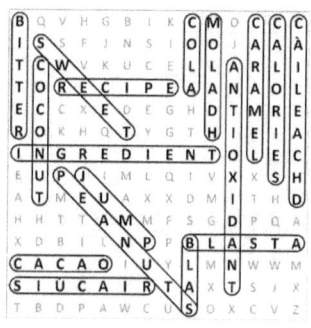

## 19 - Guida

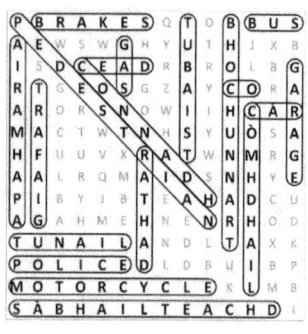

## 20 - Sport

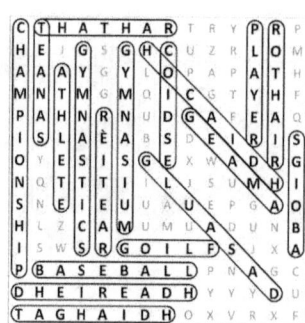

## 21 - Giocattoli

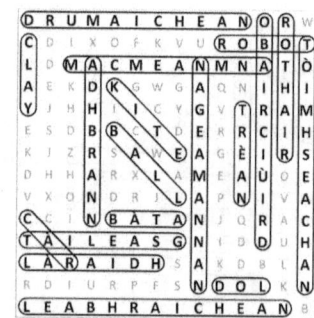

## 22 - Uccelli

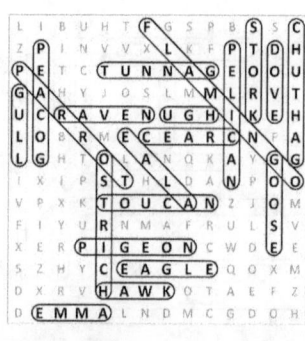

## 23 - Giorni e Mesi

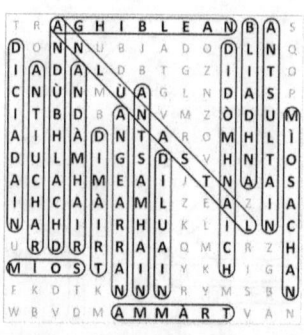

## 24 - Casa

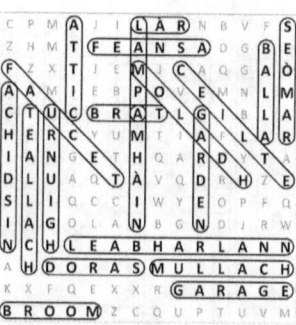

## 25 - Ristorante #1

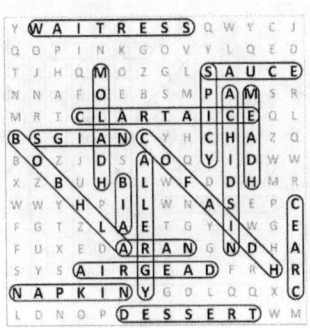

## 26 - Fantascienza

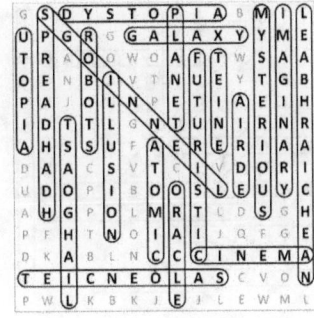

## 27 - Città

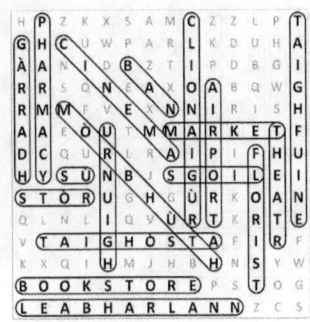

## 28 - Virtù #1

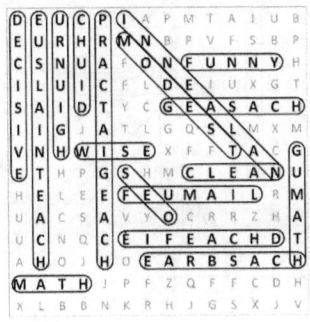

## 29 - Compleanno

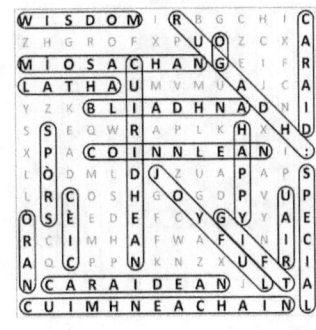

## 30 - Fattoria #1

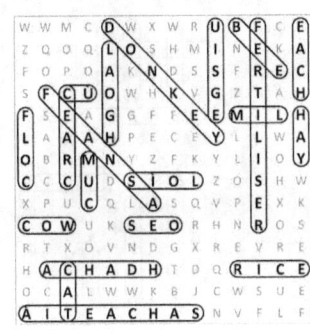

## 31 - Paesaggi

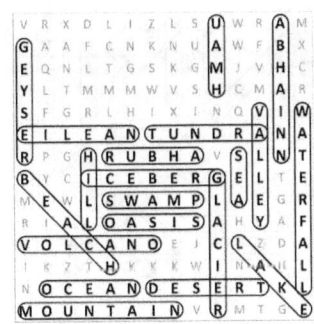

## 32 - Ristorante #2

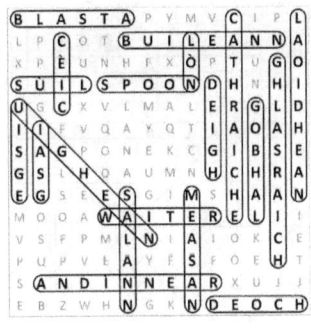

## 33 - Giardino

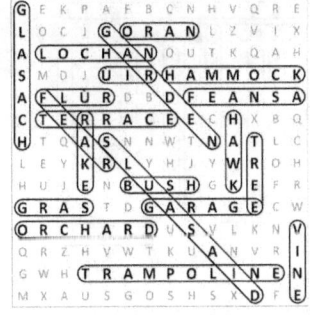

## 34 - Frutta

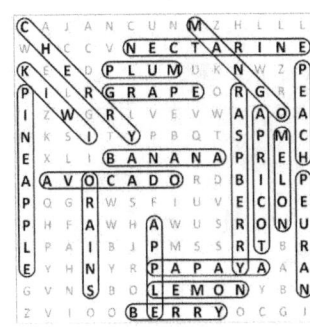

## 35 - Fattoria #2

## 36 - Verdure

## 37 - Scuola #2

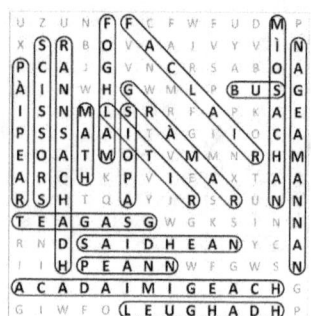

## 38 - Gentilezza

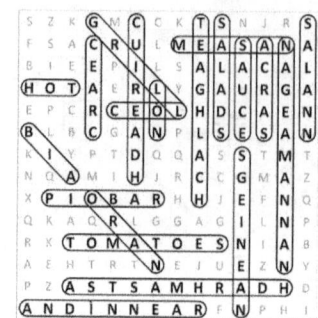

## 39 - Barbecue

## 40 - Riempire

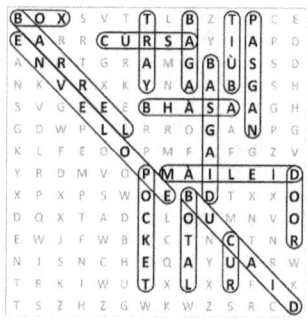

## 41 - Insetti

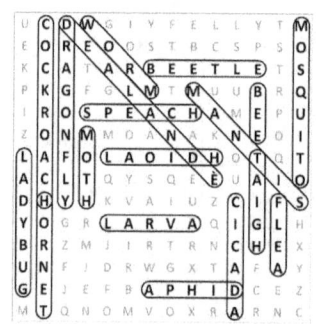

## 42 - Erboristeria

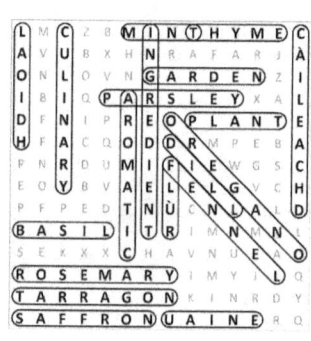

## 43 - Danza

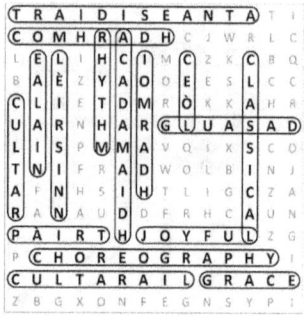

## 44 - Scuola #1

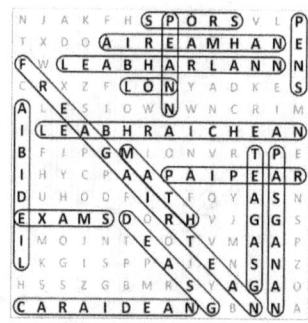

## 45 - Fiori

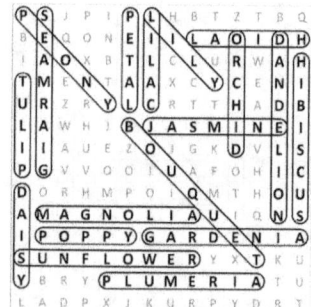

## 46 - Ecologia

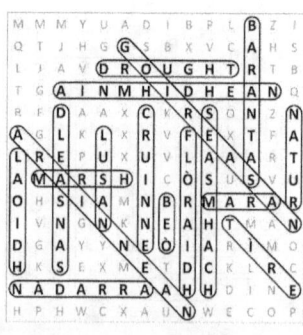

## 47 - Discipline Scientifiche

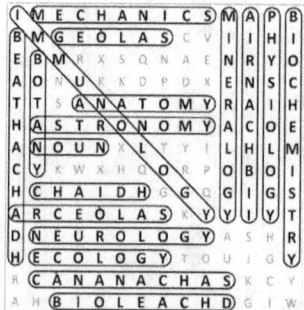

## 48 - Scienza

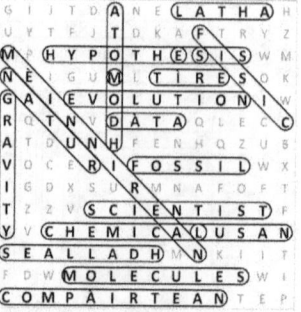

## 49 - Acqua

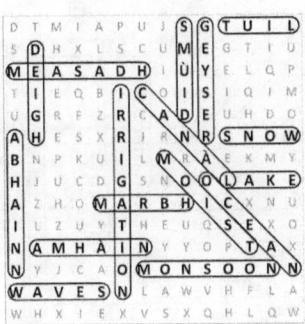

## 50 - Surf

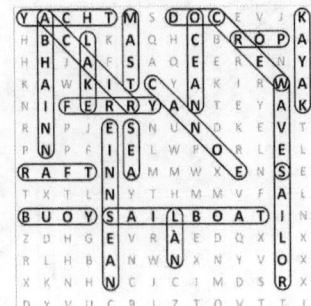

## 51 - Imbarcazioni

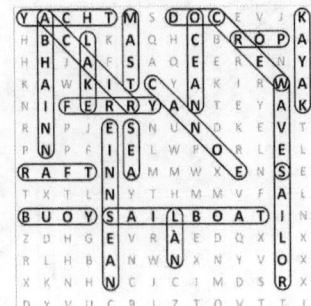

## 52 - Api

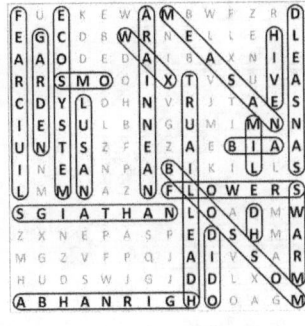

## 53 - Conservazione

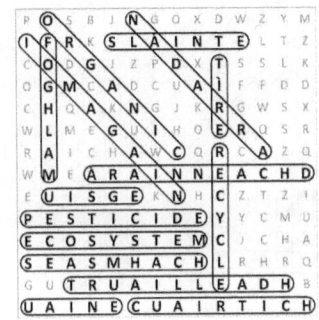

## 54 - Strumenti Musicali

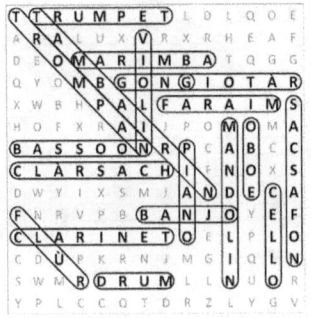

## 55 - Professioni #2

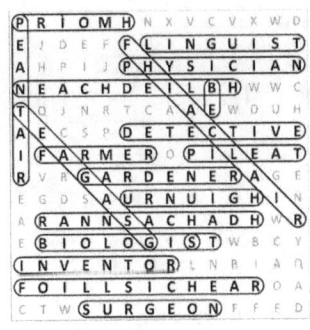

## 56 - Letteratura

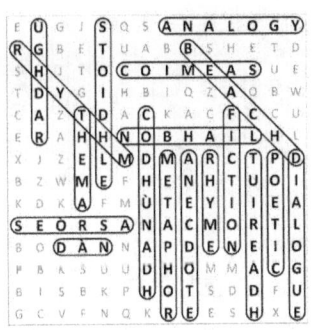

## 57 - Cibo #2

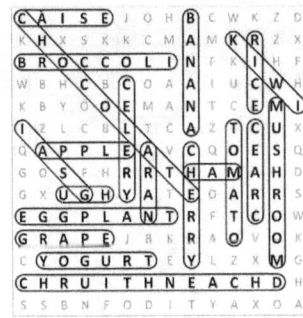

## 58 - Nutrizione

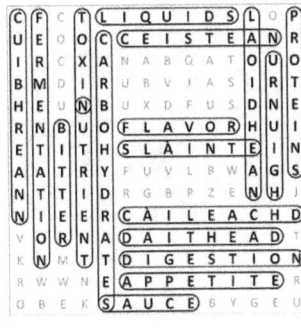

## 59 - Matematica

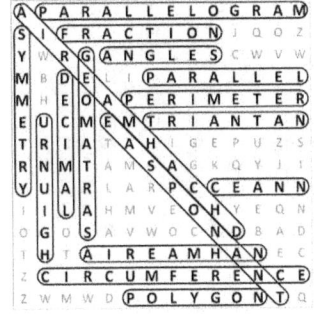

## 60 - Vacanza #1

## 61 - Bagno

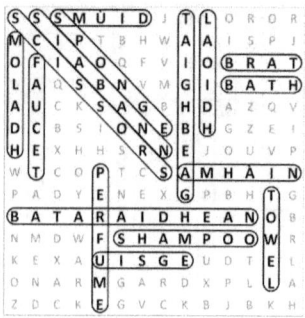

## 62 - Meditazione

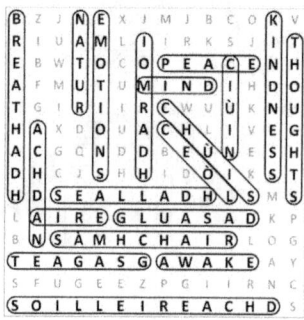

## 63 - Estate

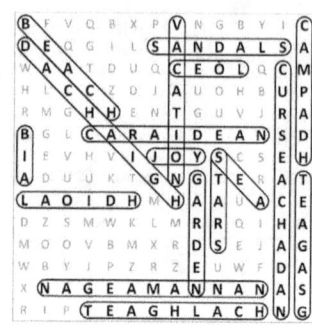

## 64 - Escursionismo

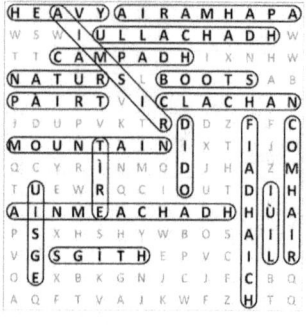

## 65 - Professioni #1

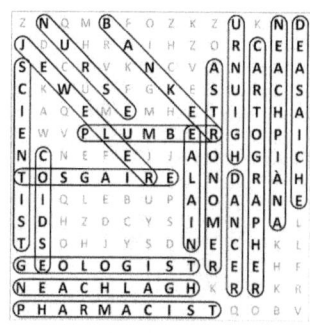

## 66 - Antartide

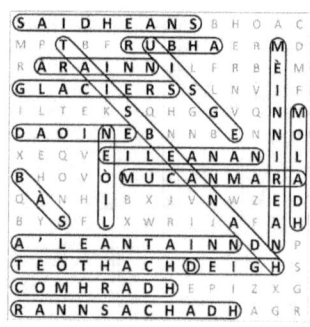

## 67 - Libri

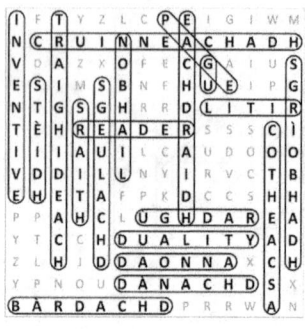

## 68 - Geografia

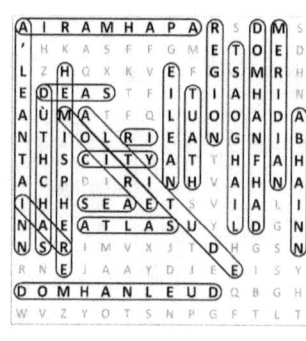

## 69 - Cibo #1

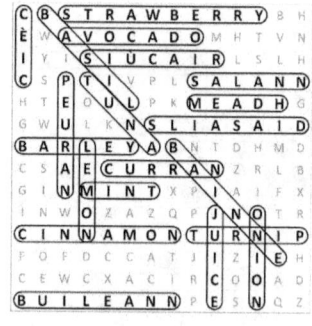

## 70 - Aeroplani

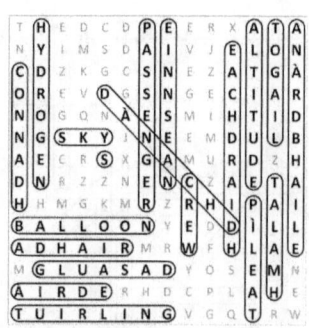

## 71 - Pirati

## 72 - Colori

# 73 - Spiaggia

# 74 - Avventura

# 75 - Forme

# 76 - Oceano

# 77 - Famiglia

# 78 - Veicoli

# 79 - Natura

# 80 - Balletto

# 81 - Castelli

# 82 - Campionato

# 83 - Foresta Pluviale

# 84 - Edifici

## 85 - Paesi #2

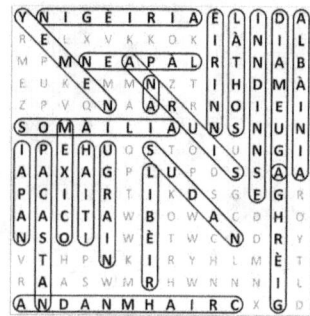

## 86 - Tipi di Capelli

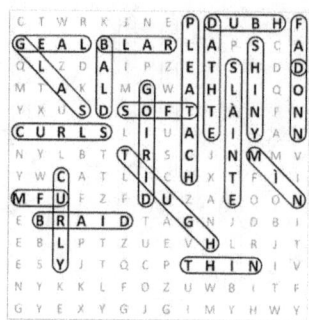

## 87 - Vestiti

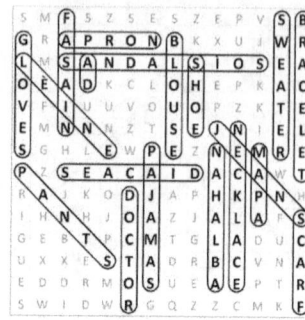

## 88 - Attività e Tempo Libero

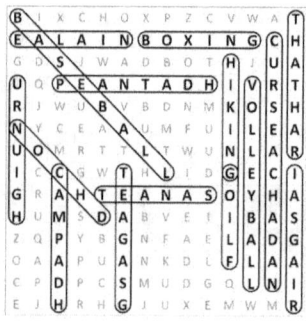

## 89 - Tecnologia

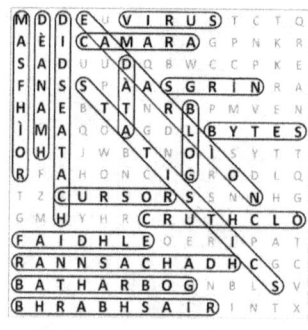

## 90 - Arte

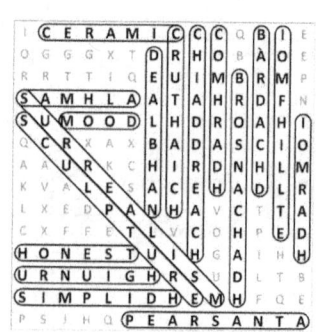

## 91 - Meteo

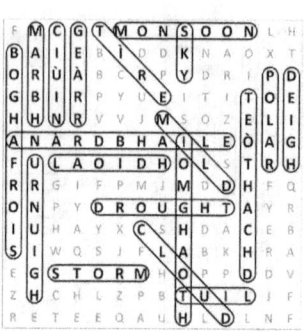

## 92 - Corpo Umano

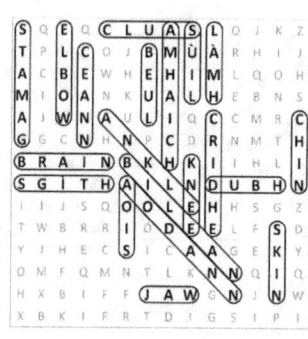

## 93 - Mammiferi

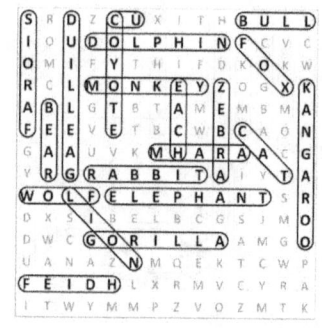

## 94 - Arrampicata

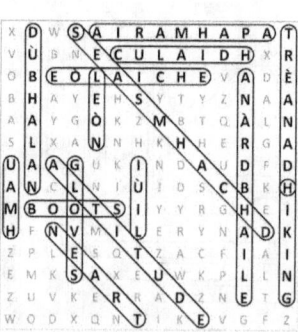

## 95 - Animali Domestici

## 96 - Cucina

## 97 - Vacanze #2

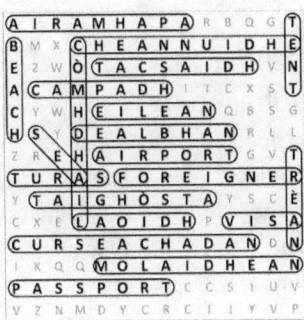

## 98 - Attività

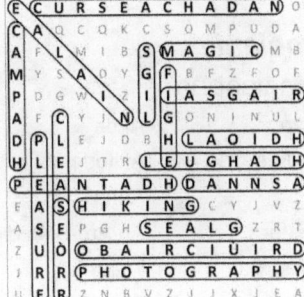

## 99 - Forniture Artistiche

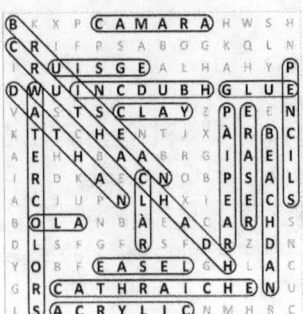

## 100 - Misurazioni

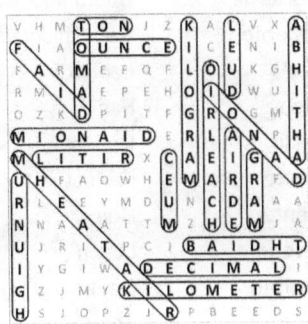

# Dizionario

## Acqua
### Uisge

| | |
|---|---|
| Alluvione | Tuil |
| Canale | Canàl |
| Doccia | A-Mhàin |
| Evaporazione | Measadh |
| Fiume | Abhainn |
| Geyser | Geyser |
| Ghiaccio | Deigh |
| Irrigazione | Irrigation |
| Lago | Lake |
| Monsone | Monsoon |
| Neve | Snow |
| Oceano | Ocean |
| Onde | Waves |
| Umidità | Moist |
| Uragano | Marbh |
| Vapore | Smùid |

## Aeroplani
### Plèanaichean

| | |
|---|---|
| Altezza | Àirde |
| Altitudine | Altitude |
| Aria | Adhair |
| Atmosfera | An Àrd-Bhaile |
| Atterraggio | Talamh |
| Avventura | Dànachd |
| Carburante | Connadh |
| Cielo | Sky |
| Costruzione | Togail |
| Direzione | S |
| Discesa | Tuirling |
| Equipaggio | Crew |
| Idrogeno | Hydrogen |
| Motore | Einnsean |
| Navigare | Gluasad |
| Palloncino | Balloon |
| Passeggero | Passenger |
| Pilota | Pìleat |
| Storia | Eachdraidh |
| Turbolenza | Turbulence |

## Aggettivi #1
### Buadhairean # 1

| | |
|---|---|
| Ambizioso | Adhartach |
| Aromatico | Aromatic |
| Assoluto | Gu Math |
| Attivo | Gnìomhach |
| Enorme | Mòr |
| Esotico | Moladh |
| Felice | Happy |
| Generoso | Chuid |
| Giovane | Òg |
| Grave | E |
| Importante | Cudromach |
| Innocente | Neo-Chiontach |
| Lento | Laoidh |
| Lungo | Fad |
| Onesto | Honest |
| Perfetto | Perfect |
| Pesante | Heavy |
| Prezioso | Luach |
| Profondo | Deep |
| Sottile | Thin |

## Aggettivi #2
### Buadhairean # 2

| | |
|---|---|
| Autentico | Fìor |
| Caldo | Hot |
| Creativo | Cruthachail |
| Descrittivo | Descriptive |
| Dolce | Sweet |
| Drammatico | Dràma |
| Elegante | Elegant |
| Famoso | Ainmeil |
| Forte | Strong |
| Interessante | Inntinneach |
| Naturale | Nàdarra |
| Normale | Àbhaisteach |
| Nuovo | Ùr |
| Orgoglioso | Proud |
| Produttivo | A Bhith A |
| Puro | Eile. |
| Responsabile | Freagrach |
| Salato | Salty |
| Sano | Slàinte |
| Stanco | Sgìth |

## Animali Domestici
### Peataichean

| | |
|---|---|
| Acqua | Uisge |
| Cane | Cù |
| Capra | Seo |
| Cibo | Bia |
| Coda | Aige |
| Collare | Coilear |
| Coniglio | Rabbit |
| Criceto | Òigridh |
| Cucciolo | Puppy |
| Gattino | Kitten |
| Gatto | Cat |
| Lucertola | Lizard |
| Mucca | Cow |
| Pappagallo | Parrot |
| Pesce | Iasg |
| Tartaruga | Turtle |
| Topo | Luchag |
| Veterinario | Veterinarian |

## Antartide
### An Antartaig

| | |
|---|---|
| Acqua | Uisge |
| Ambiente | Àrainn |
| Baia | Bàs |
| Balene | Mucan-Mara |
| Conservazione | Comhradh |
| Continente | A 'leantainn |
| Geografia | Daoine |
| Ghiacciai | Glaciers |
| Ghiaccio | Deigh |
| Isole | Eileanan |
| Migrazione | Moladh |
| Minerali | Mèinnirean |
| Nuvole | Neòil |
| Penisola | Rubha |
| Ricercatore | Rannsachadh |
| Roccioso | Creagach |
| Scientifico | Saidheans |
| Spedizione | Taisbeanadh |
| Temperatura | Teòthachd |
| Topografia | Cruth-Tìre |

## Api
### Seilleanan

| | |
|---|---|
| **Ali** | Sgiathan |
| **Alveare** | Hive |
| **Benefico** | Fear-Ciuil |
| **Cera** | Wax |
| **Cibo** | Bia |
| **Diversità** | Dleasnas |
| **Ecosistema** | Ecosystem |
| **Fiori** | Flowers |
| **Fiorire** | Blossom |
| **Frutta** | Measan |
| **Fumo** | Smo |
| **Giardino** | Garden |
| **Habitat** | Àrainnean |
| **Insetto** | Dh' |
| **Miele** | Mil |
| **Piante** | Lusan |
| **Polline** | Truailleadh |
| **Regina** | A ' Bhanrigh |
| **Sciame** | Swarm |
| **Sole** | Dido |

## Arrampicata
### Streap

| | |
|---|---|
| **Altitudine** | Altitude |
| **Atmosfera** | An Àrd-Bhaile |
| **Casco** | Culaidh |
| **Escursioni** | Hiking |
| **Esperto** | Eòlaiche |
| **Fisico** | S |
| **Formazione** | Trèanadh |
| **Forza** | Neart |
| **Grotta** | Uamh |
| **Guanti** | Gloves |
| **Guide** | Iùil |
| **Lesione** | Leòn |
| **Mappa** | Air a ' Mhapa |
| **Sfide** | Dùbhalan |
| **Stabilità** | Seasmhachd |
| **Stivali** | Boots |
| **Stretto** | Chumhaing |
| **Terreno** | Chrutha-Tìre |

## Arte
### Ealain

| | |
|---|---|
| **Ceramica** | Ceramic |
| **Complesso** | Iom-Fhillte |
| **Composizione** | Comhradh |
| **Creare** | Cruthaich |
| **Dipinti** | Dealbhan |
| **Espressione** | Iomradh |
| **Ispirato** | Brosnachadh |
| **Onesto** | Honest |
| **Originale** | Chiad Dreach |
| **Personale** | Pearsanta |
| **Poesia** | Bàrdachd |
| **Scultura** | Sculpture |
| **Semplice** | Simplidh |
| **Simbolo** | Samhla |
| **Soggetto** | Urnuigh |
| **Surrealismo** | Surrealism |
| **Umore** | Mood |
| **Visivo** | Lèirsinn |

## Arti Visive
### Na H-Ealain Lèirsinne

| | |
|---|---|
| **Architettura** | Ailtireachd |
| **Argilla** | Clay |
| **Artista** | Ealain |
| **Capolavoro** | Masterpiece |
| **Cavalletto** | Easel |
| **Cera** | Wax |
| **Composizione** | Comhradh |
| **Creatività** | Cruthachadh |
| **Film** | Film |
| **Fotografia** | Dealbh-Camara |
| **Gesso** | Chalk |
| **Matita** | Peann |
| **Pittura** | Peantadh |
| **Prospettiva** | Sealladh |
| **Ritratto** | Dealbh |
| **Scultura** | Sculpture |
| **Stampino** | Stencil |

## Astronomia
### Reul-Eòlas

| | |
|---|---|
| **Asteroide** | Asteroid |
| **Astronauta** | Prìomh |
| **Astronomo** | Astronomer |
| **Cielo** | Sky |
| **Cosmo** | Cosmos |
| **Costellazione** | Constellation |
| **Equinozio** | Equinox |
| **Galassia** | Galaxy |
| **Gravità** | Gravity |
| **Luna** | Moon |
| **Meteora** | Meteor |
| **Nebulosa** | Nebula |
| **Osservatorio** | Observatory |
| **Pianeta** | Planet |
| **Radiazione** | Rèididheachd |
| **Razzo** | Rocaid |
| **Supernova** | Stephens |
| **Telescopio** | Le |
| **Terra** | An Talamh |
| **Universo** | Urnuigh |

## Attività
### Gnìomhan

| | |
|---|---|
| **Abilità** | Sgil |
| **Arte** | Ealain |
| **Artigianato** | Obair-Ciùird |
| **Attività** | Cleas |
| **Caccia** | Sealg |
| **Campeggio** | Campadh |
| **Cucire** | Seòrr |
| **Danza** | Dannsa |
| **Escursioni** | Hiking |
| **Fotografia** | Photography |
| **Lettura** | Leughadh |
| **Magia** | Magic |
| **Maglieria** | Fighe |
| **Pesca** | Iasgair |
| **Piacere** | Pleasure |
| **Pittura** | Peantadh |
| **Rilassamento** | Laoidh |
| **Tempo Libero** | Cur-Seachadan |

## Attività e Tempo Libero
### Cleasan is Cur-Seachadan

| | |
|---|---|
| **Arte** | Ealain |
| **Baseball** | Baseball |
| **Basket** | Thathar |
| **Boxe** | Boxing |
| **Campeggio** | Campadh |
| **Escursioni** | Hiking |
| **Golf** | Goilf |
| **Hobby** | Cur-Seachadan |
| **Nuoto** | Nochd |
| **Pallavolo** | Volleyball |
| **Pesca** | Iasgair |
| **Pittura** | Peantadh |
| **Surf** | Urnuigh |
| **Tennis** | Teanas |
| **Viaggio** | Teagasg |

## Autunno
### As T-Fhoghar

| | |
|---|---|
| **Abbigliamento** | Aodach |
| **Castagne** | Chestnuts |
| **Clima** | Tìre |
| **Equinozio** | Equinox |
| **Festival** | Fèis |
| **Frutteto** | Orchard |
| **Ghianda** | Acorn |
| **Incendi** | Teintean |
| **Mele** | Apples |
| **Mesi** | Mis |
| **Meteo** | Aimsir |
| **Migrazione** | Moladh |
| **Natura** | Natur |
| **Stagionale** | Ràitheil |

## Avventura
### Dàn-Thuras

| | |
|---|---|
| **Amici** | Caraidean |
| **Attività** | Cleas |
| **Bellezza** | Àille |
| **Caso** | Cothrom |
| **Destinazione** | Cheann-Uidhe |
| **Difficoltà** | Dleasnas |
| **Entusiasmo** | Dealas |
| **Escursione** | Excursion |
| **Gioia** | Joy |
| **Itinerario** | Itinerary |
| **Natura** | Natur |
| **Navigazione** | Naigheachd |
| **Nuovo** | Ùr |
| **Pericoloso** | Cunnartach |
| **Preparazione** | Ullachadh |
| **Sfide** | Dùbhalan |
| **Sicurezza** | Sàbhailteachd |

## Bagno
### Taigh-Beag

| | |
|---|---|
| **Acqua** | Uisge |
| **Asciugamano** | Towel |
| **Bagno** | Bath |
| **Bolle** | Bataraidhean |
| **Doccia** | A-Mhàin |
| **Forbici** | Scissors |
| **Gabinetto** | Taigh Beag |
| **Lozione** | Laoidh |
| **Profumo** | Perfume |
| **Rubinetto** | Faucet |
| **Sapone** | Siabann |
| **Shampoo** | Shampoo |
| **Specchio** | Moladh |
| **Spugna** | Sponge |
| **Tappeto** | Brat |
| **Vapore** | Smùid |

## Balletto
### Ballet

| | |
|---|---|
| **Abilità** | Sgil |
| **Ballerini** | Dannsairean |
| **Compositore** | Comhradh |
| **Coreografia** | Choreography |
| **Espressivo** | Iomradh |
| **Grazioso** | Graceful |
| **Intensità** | On |
| **Muscoli** | Muscles |
| **Musica** | Ceòl |
| **Orchestra** | Orchestra |
| **Pubblico** | Urnuigh |
| **Ritmo** | Rhythm |
| **Stile** | Stoidhle |
| **Tecnica** | Technique |

## Barbecue
### Barbecues

| | |
|---|---|
| **Caldo** | Hot |
| **Cena** | An Dìnnear |
| **Cibo** | Bia |
| **Cipolle** | Oran |
| **Coltelli** | Sgeinean |
| **Estate** | As T-Samhradh |
| **Fame** | Acras |
| **Famiglia** | Teaghlach |
| **Frutta** | Measan |
| **Giochi** | Na Geamannan |
| **Griglia** | Grill |
| **Insalate** | Salads |
| **Invito** | Cuireadh |
| **Musica** | Ceòl |
| **Pepe** | Piobar |
| **Pollo** | Cearc |
| **Pomodori** | Tomatoes |
| **Pranzo** | Lòn |
| **Sale** | Salann |
| **Salsa** | Sauce |

## Campeggio
### Campachadh

| | |
|---|---|
| **Alberi** | Craobhan |
| **Amaca** | Hammock |
| **Animali** | Ainmeachadh |
| **Avventura** | Dànachd |
| **Bussola** | Iomradh |
| **Cabina** | Cabin |
| **Caccia** | Sealg |
| **Canoa** | Canoe |
| **Cappello** | Ad |
| **Corda** | Ròp |
| **Divertimento** | Spòrs |
| **Foresta** | Forest |
| **Fuoco** | Teine |
| **Insetto** | Dh' |
| **Lago** | Lake |
| **Luna** | Moon |
| **Mappa** | Air a ' Mhapa |
| **Montagna** | Moire |
| **Natura** | Natur |
| **Tenda** | Tent |

## Campionato
### Championship

| | |
|---|---|
| **Allenatore** | Coidse |
| **Campionato** | Championship |
| **Campione** | Champion |
| **Giochi** | Na Geamannan |
| **Giudice** | Laoidh |
| **Lega** | Lìog |
| **Medaglia** | Am Bonn |
| **Motivazione** | Gluasad |
| **Prestazione** | Coileanadh |
| **Sportivo** | Spòrs |
| **Squadra** | Sgioba |
| **Strategia** | Ro-Innleachd |
| **Sudore** | Perspiration |
| **Torneo** | Farpais |
| **Vittoria** | Buaidh |

## Casa
### House

| | |
|---|---|
| **Attico** | Attic |
| **Biblioteca** | Leabharlann |
| **Camera** | Seòmar |
| **Camino** | Teallach |
| **Cucina** | A ' Chidsin |
| **Doccia** | A-Mhàin |
| **Finestra** | Urnuigh |
| **Garage** | Garage |
| **Giardino** | Garden |
| **Lampada** | Lampa |
| **Parete** | Balla |
| **Pavimento** | Làr |
| **Porta** | Doras |
| **Recinto** | Feansa |
| **Rubinetto** | Faucet |
| **Scopa** | Broom |
| **Soffitto** | Ceilte |
| **Specchio** | Moladh |
| **Tappeto** | Brat |
| **Tetto** | Mullach |

## Castelli
### Caistealan

| | |
|---|---|
| **Armatura** | Armor |
| **Catapulta** | Clach-Bhogha |
| **Cavaliere** | Knight |
| **Cavallo** | Each |
| **Dinastia** | Dynasty |
| **Drago** | Cathach |
| **Feudale** | Bha Fo |
| **Fortezza** | Daingnich |
| **Impero** | Empire |
| **Nobile** | Noble |
| **Palazzo** | Lùchairt |
| **Parete** | Balla |
| **Principe** | Prince |
| **Principessa** | Prionnsa |
| **Regno** | Rìoghachd |
| **Scudo** | Sgiath |
| **Spada** | Sword |
| **Torre** | Tùr |
| **Unicorno** | Aon |

## Cibo #1
### Biadh # 1

| | |
|---|---|
| **Avocado** | Avocado |
| **Basilico** | Basil |
| **Cannella** | Cinnamon |
| **Carne** | Meadh |
| **Carota** | Curran |
| **Cipolla** | Onion |
| **Fragola** | Strawberry |
| **Insalata** | Buileann |
| **Latte** | Bainne |
| **Limone** | Lemon |
| **Menta** | Mint |
| **Orzo** | Barley |
| **Pera** | Peuran |
| **Rapa** | Turnip |
| **Sale** | Salann |
| **Spinaci** | Sliasaid |
| **Succo** | Juice |
| **Tonno** | Tuna |
| **Torta** | Cèic |
| **Zucchero** | Siùcair |

## Cibo #2
### Biadh # 2

| | |
|---|---|
| **Banana** | Banana |
| **Broccolo** | Broccoli |
| **Ciliegia** | Cherry |
| **Cioccolato** | Chocolate |
| **Formaggio** | Càise |
| **Fungo** | Mushroom |
| **Grano** | Chruithneachd |
| **Kiwi** | Kiwi |
| **Mela** | Apple |
| **Melanzana** | Eggplant |
| **Pane** | Aran |
| **Pesce** | Iasg |
| **Pollo** | Cearc |
| **Pomodoro** | Tomato |
| **Prosciutto** | Ham |
| **Riso** | Rice |
| **Sedano** | Celery |
| **Uovo** | Ugh |
| **Uva** | Grape |
| **Yogurt** | Yogurt |

## Cioccolato
### Chocolate

| | |
|---|---|
| **Amaro** | Bitter |
| **Antiossidante** | Antioxidant |
| **Arachidi** | Peanuts |
| **Cacao** | Cacao |
| **Calorie** | Calories |
| **Caramella** | Cola |
| **Caramello** | Caramel |
| **Delizioso** | Blasta |
| **Dolce** | Sweet |
| **Esotico** | Moladh |
| **Gusto** | Blas |
| **Ingrediente** | Ingredient |
| **Noce di Cocco** | Coconut |
| **Polvere** | Jump |
| **Qualità** | Càileachd |
| **Ricetta** | Recipe |
| **Zucchero** | Siùcair |

## Circo
### Siorcas

| | |
|---|---|
| **Acrobata** | Acrobat |
| **Animali** | Ainmeachadh |
| **Biglietto** | Thiogaidean |
| **Caramella** | Cola |
| **Costume** | Costume |
| **Elefante** | Elephant |
| **Giocoliere** | Juggler |
| **Leone** | Lion |
| **Magia** | Magic |
| **Mostrare** | Seall |
| **Musica** | Ceòl |
| **Palloncini** | Balloons |
| **Parata** | Spèis |
| **Scimmia** | Monkey |
| **Spettatore** | Amharc |
| **Tenda** | Tent |
| **Tigre** | Tiger |
| **Trucco** | Trick |

## Città
### Am Baile

| | |
|---|---|
| **Aeroporto** | Airport |
| **Banca** | Ban |
| **Biblioteca** | Leabharlann |
| **Cinema** | Cinema |
| **Clinica** | Clionaig Ùr |
| **Farmacia** | Pharmacy |
| **Fiorista** | Florist |
| **Galleria** | Gàrradh |
| **Hotel** | Taigh-Òsta |
| **Libreria** | Bookstore |
| **Mercato** | Market |
| **Negozio** | Stòr |
| **Panetteria** | Taigh-Fuine |
| **Scuola** | Sgoil |
| **Stadio** | Dheireadh |
| **Supermercato** | Mòr-Bhùth |
| **Teatro** | Theatr |
| **Università** | Urnuigh |
| **Zoo** | Sù |

## Colori
### Dathan

| | |
|---|---|
| **Arancia** | Orains |
| **Azzurro** | Speur-Ghorm |
| **Beige** | Beige |
| **Bianco** | Geal |
| **Blu** | Gorm |
| **Ciano** | : Saidhean |
| **Fucsia** | Fuchsia |
| **Giallo** | Buidhe |
| **Grigio** | Glas |
| **Magenta** | Maidèanta Ann |
| **Marrone** | Donn |
| **Nero** | Dubh |
| **Rosa** | Pink |
| **Rosso** | Red |
| **Seppia** | Sepia |
| **Verde** | Uaine |
| **Viola** | Purpaidh |

## Compleanno
### Cho-Là-Breith

| | |
|---|---|
| **Amici** | Caraidean |
| **Anno** | Bliadhna |
| **Calendario** | Mìosachan |
| **Candele** | Coinnlean |
| **Canzone** | Òran |
| **Carte** | Caraid |
| **Celebrazione** | Ceilteachadh |
| **Divertimento** | Spòrs |
| **Felice** | Happy |
| **Gioioso** | Joyful |
| **Giorno** | Latha |
| **Giovane** | Òg |
| **Inviti** | Cuiridhean |
| **Nato** | Rugadh: |
| **Regalo** | Gift |
| **Ricordi** | Cuimhneachain |
| **Saggezza** | Wisdom |
| **Speciale** | Special |
| **Tempo** | Uair |
| **Torta** | Cèic |

## Conservazione
### Glèidhteachas

| | |
|---|---|
| **Acqua** | Uisge |
| **Ambientale** | Àrainneachd |
| **Ciclo** | Cuairtich |
| **Clima** | Tìre |
| **Ecosistema** | Ecosystem |
| **Educazione** | Foghlam |
| **Habitat** | Àrainnean |
| **Inquinamento** | Truailleadh |
| **Naturale** | Nàdarra |
| **Organico** | Organic |
| **Pesticida** | Pesticide |
| **Preoccupazione** | Iomagain |
| **Riciclare** | Recycle |
| **Salute** | Slàinte |
| **Sostenibile** | Seasmhach |
| **Verde** | Uaine |

## Corpo Umano
### Buidheann a ' Chinne-Dao

| | |
|---|---|
| Bocca | Beul |
| Caviglia | Ankle |
| Cervello | Brain |
| Collo | Amhaich |
| Cuore | Cridhe |
| Faccia | Aodann |
| Ginocchio | Knee |
| Gomito | Elbow |
| Labbra | Bilean |
| Mano | Làmh |
| Mascella | Jaw |
| Mento | Chin |
| Naso | Aois |
| Occhio | Sùil |
| Orecchio | Cluas |
| Pelle | Skin |
| Sangue | Dubh |
| Spalla | Sgìth |
| Stomaco | Stamag |
| Testa | Ceann |

## Cucina
### A ' Chidsin

| | |
|---|---|
| Bacchette | Chopsticks |
| Brocca | Jug |
| Cibo | Bia |
| Ciotola | Bobhla |
| Coltelli | Sgeinean |
| Congelatore | Freezer |
| Cucchiai | Juice |
| Forchette | Forks |
| Forno | Àmhainn |
| Frigorifero | Carbad |
| Grembiule | Apron |
| Griglia | Grill |
| Ricetta | Recipe |
| Spezie | Laoidhean |
| Spugna | Sponge |
| Tazze | Copain |
| Tovagliolo | Napkin |
| Vaso | Jar |

## Danza
### Dannsa

| | |
|---|---|
| Accademia | Acadamaidh |
| Arte | Ealain |
| Classico | Classical |
| Compagno | Pàirt |
| Coreografia | Choreography |
| Corpo | Comhradh |
| Cultura | Cultar |
| Culturale | Cultarail |
| Espressivo | Iomradh |
| Gioioso | Joyful |
| Grazia | Grace |
| Movimento | Gluasad |
| Musica | Ceòl |
| Ritmo | Rhythm |
| Tradizionale | Traidiseanta |
| Visivo | Lèirsinn |

## Discipline Scientifiche
### Smachdan Saidheansail

| | |
|---|---|
| Anatomia | Anatomy |
| Archeologia | Arc-Eòlas |
| Astronomia | Astronomy |
| Biochimica | Biochemistry |
| Biologia | Bioleachd |
| Botanica | Botany |
| Chimica | Noun |
| Ecologia | Ecology |
| Fisiologia | Physiology |
| Geologia | Geòlas |
| Immunologia | Immunology |
| Linguistica | Cànanachas |
| Meccanica | Mechanics |
| Meteorologia | Air Nach bi I |
| Mineralogia | Mineralogy |
| Neurologia | Neurology |
| Nutrizione | Beathachadh |
| Psicologia | Psychology |
| Sociologia | Chaidh |
| Zoologia | Contributions |

## Ecologia
### Eag-Eòlas

| | |
|---|---|
| Clima | Tìre |
| Diversità | Dleasnas |
| Fauna | Ainmhidhean |
| Flora | Flòraidh |
| Globale | Cruinne |
| Habitat | Àrainnean |
| Marino | Mara |
| Natura | Natur |
| Naturale | Nàdarra |
| Palude | Marsh |
| Piante | Lusan |
| Risorse | Goireasan |
| Siccità | Drought |
| Sopravvivenza | Beò |
| Sostenibile | Seasmhach |
| Varietà | Barantas |
| Vegetazione | Laoidh |

## Edifici
### Togalaichean

| | |
|---|---|
| Ambasciata | Embassy |
| Appartamento | Àros |
| Cabina | Cabin |
| Castello | Caisteal |
| Cinema | Cinema |
| Fabbrica | Factaraidh |
| Fattoria | Farm |
| Fienile | An T-Sabhail |
| Hotel | Taigh-Òsta |
| Laboratorio | Latha |
| Ospedale | Ospidal |
| Osservatorio | Observatory |
| Ostello | Sgìre |
| Scuola | Sgoil |
| Stadio | Dheireadh |
| Supermercato | Mòr-Bhùth |
| Teatro | Theatr |
| Tenda | Tent |
| Torre | Tùr |
| Università | Urnuigh |

## Erboristeria
### Luibh-Eòlas

| | |
|---|---|
| **Aneto** | Dill |
| **Aromatico** | Aromatic |
| **Basilico** | Basil |
| **Culinario** | Culinary |
| **Dragoncello** | Tarragon |
| **Finocchio** | Fennel |
| **Fiore** | Flùr |
| **Giardino** | Garden |
| **Ingrediente** | Ingredient |
| **Lavanda** | Laoidh |
| **Maggiorana** | Meacan-Dubh |
| **Menta** | Mint |
| **Origano** | Oregano |
| **Pianta** | Plant |
| **Prezzemolo** | Parsley |
| **Qualità** | Càileachd |
| **Rosmarino** | Rosemary |
| **Timo** | Thyme |
| **Verde** | Uaine |
| **Zafferano** | Saffron |

## Escursionismo
### Coiseachd

| | |
|---|---|
| **Acqua** | Uisge |
| **Animali** | Ainmeachadh |
| **Campeggio** | Campadh |
| **Clima** | Tìre |
| **Guide** | Iùil |
| **Mappa** | Air a ' Mhapa |
| **Meteo** | Aimsir |
| **Montagna** | Mountain |
| **Natura** | Natur |
| **Orientamento** | Comhair |
| **Parchi** | Pàirt |
| **Pesante** | Heavy |
| **Pietre** | Clachan |
| **Preparazione** | Ullachadh |
| **Selvaggio** | Fiadhaich |
| **Sole** | Dido |
| **Stanco** | Sgìth |
| **Stivali** | Boots |
| **Vertice** | Cruinneachadh |

## Estate
### As T-Samhradh

| | |
|---|---|
| **Amici** | Caraidean |
| **Campeggio** | Campadh |
| **Casa** | Dachaigh |
| **Cibo** | Bia |
| **Famiglia** | Teaghlach |
| **Giardino** | Garden |
| **Giochi** | Na Geamannan |
| **Gioia** | Joy |
| **Libri** | Leabhraichean |
| **Mare** | Sea |
| **Musica** | Ceòl |
| **Ricordi** | Cuimhneachain |
| **Rilassamento** | Laoidh |
| **Sandali** | Sandals |
| **Spiaggia** | Beach |
| **Stelle** | Stars |
| **Tempo Libero** | Cur-Seachadan |
| **Vacanza** | Vacation |
| **Viaggio** | Teagasg |

## Famiglia
### Teaghlach

| | |
|---|---|
| **Antenato** | Ancestor |
| **Bambino** | Clann |
| **Cugino** | Co-Ogha |
| **Figlia** | Nighean |
| **Fratello** | Brother |
| **Infanzia** | A H-Òige, |
| **Madre** | Màthair |
| **Marito** | Duine |
| **Materno** | Maternal |
| **Moglie** | Bean |
| **Nipote** | Nephew |
| **Nonna** | Seanmhair |
| **Nonno** | Seanair |
| **Padre** | Athair |
| **Paterno** | Paternal |
| **Sorella** | Piuthar |
| **Zia** | Aunt |
| **Zio** | Uair |

## Fantascienza
### Ficsean-Saidheans

| | |
|---|---|
| **Atomico** | Atomic |
| **Cinema** | Cinema |
| **Distopia** | Dystopia |
| **Esplosione** | Spreadhadh |
| **Estremo** | Àirde |
| **Fantastico** | Sgoinneil |
| **Fuoco** | Teine |
| **Futuristico** | Futuristic |
| **Galassia** | Galaxy |
| **Illusione** | Illusion |
| **Immaginario** | Imaginary |
| **Libri** | Leabhraichean |
| **Misterioso** | Mysterious |
| **Mondo** | T-Saoghail |
| **Oracolo** | Oracle |
| **Pianeta** | Planet |
| **Robot** | Robots |
| **Tecnologia** | Teicneòlas |
| **Utopia** | Utopia |

## Fattoria #1
### Tuathanas # 1

| | |
|---|---|
| **Acqua** | Uisge |
| **Agricoltura** | Àiteachas |
| **Ape** | Bee |
| **Asino** | Donkey |
| **Campo** | Achadh |
| **Cane** | Cù |
| **Capra** | Seo |
| **Cavallo** | Each |
| **Fertilizzante** | Fertiliser |
| **Fieno** | Hay |
| **Gatto** | Cat |
| **Gregge** | Floc |
| **Maiale** | Muc |
| **Miele** | Mil |
| **Mucca** | Cow |
| **Pollo** | Cearc |
| **Recinto** | Feansa |
| **Riso** | Rice |
| **Semi** | Sìol |
| **Vitello** | Laogh |

## Fattoria #2
### Tuathanas # 2

| | |
|---|---|
| **Agnello** | Litir |
| **Agricoltore** | Farmer |
| **Anatra** | Tunnag |
| **Animali** | Ainmeachadh |
| **Cibo** | Bia |
| **Fienile** | An T-Sabhail |
| **Frutta** | Measan |
| **Frutteto** | Orchard |
| **Grano** | Chruithneachd |
| **Irrigazione** | Irrigation |
| **Lama** | Llama |
| **Latte** | Bainne |
| **Mais** | Coirce |
| **Mulino a Vento** | Windmill |
| **Oche** | Geòidh |
| **Orzo** | Barley |
| **Pecora** | Duilleag |
| **Prato** | Meadow |
| **Trattore** | Tractar |
| **Verdura** | Glasraich |

## Fiori
### Flùraichean

| | |
|---|---|
| **Dente di Leone** | Dandelion |
| **Gardenia** | Gardenia |
| **Gelsomino** | Jasmine |
| **Giglio** | Lily |
| **Girasole** | Sunflower |
| **Ibisco** | Hibiscus |
| **Lavanda** | Laoidh |
| **Lilla** | Lilac |
| **Magnolia** | Magnolia |
| **Margherita** | Daisy |
| **Mazzo** | Bouquet |
| **Orchidea** | Orchid |
| **Papavero** | Poppy |
| **Peonia** | Peony |
| **Petalo** | Petal |
| **Plumeria** | Plumeria |
| **Trifoglio** | Seamraig |
| **Tulipano** | Tulip |

## Foresta Pluviale
### Coille-Uisge

| | |
|---|---|
| **Anfibi** | Amphibians |
| **Botanico** | Botanical |
| **Clima** | Tìre |
| **Diversità** | Dleasnas |
| **Indigeno** | Dùthchasach |
| **Insetti** | Innsean |
| **Mammiferi** | Mamailean |
| **Muschio** | Moss |
| **Natura** | Natur |
| **Nuvole** | Neòil |
| **Prezioso** | Luach |
| **Restauro** | Iii |
| **Rifugio** | Do |
| **Rispetto** | Spèis |
| **Sopravvivenza** | Beò |
| **Uccelli** | Eòin |

## Forme
### Cumaidhean

| | |
|---|---|
| **Angolo** | Oisean |
| **Arco** | Arc |
| **Bordi** | Iomallan |
| **Cerchio** | Cearcall |
| **Cilindro** | Siolandair |
| **Cono** | Cone |
| **Cubo** | Cube |
| **Curva** | Curve |
| **Ellisse** | Ellipse |
| **Iperbole** | Hyperbola |
| **Lato** | Taobh |
| **Linea** | Line |
| **Ovale** | Oval |
| **Piramide** | Pyramid |
| **Poligono** | Polygon |
| **Prisma** | Prism |
| **Quadrato** | Ceann |
| **Triangolo** | Triantan |

## Forniture Artistiche
### Ealain Bathair

| | |
|---|---|
| **Acqua** | Uisge |
| **Acquerelli** | Watercolors |
| **Acrilico** | Acrylic |
| **Argilla** | Clay |
| **Carta** | Pàipear |
| **Cavalletto** | Easel |
| **Colla** | Glue |
| **Colori** | Dathan |
| **Creatività** | Cruthachadh |
| **Gomma** | Eraser |
| **Idee** | Beachdan |
| **Inchiostro** | Inc Dubh |
| **Matite** | Pencils |
| **Olio** | Ola |
| **Sedia** | Cathraiche |
| **Spazzole** | Bruisean |
| **Tavolo** | Clàr |
| **Telecamera** | Camara |

## Frutta
### Measan

| | |
|---|---|
| **Albicocca** | Apricot |
| **Ananas** | Pineapple |
| **Arancia** | Orains |
| **Avocado** | Avocado |
| **Bacca** | Berry |
| **Banana** | Banana |
| **Ciliegia** | Cherry |
| **Kiwi** | Kiwi |
| **Lampone** | Raspberry |
| **Limone** | Lemon |
| **Mango** | Mango |
| **Mela** | Apple |
| **Melone** | Melon |
| **Mora** | Blackberry |
| **Nettarina** | Nectarine |
| **Papaia** | Papaya |
| **Pera** | Peuran |
| **Pesca** | Peach |
| **Prugna** | Plum |
| **Uva** | Grape |

## Gentilezza
### Coibhneas

| | |
|---|---|
| **Affidabile** | Earbsach |
| **Amichevole** | Friendly |
| **Amorevole** | Laoidh |
| **Attento** | Attentive |
| **Compassionevole** | Iomradh |
| **Comprensione** | Tuigse |
| **Felice** | Happy |
| **Generoso** | Chuid |
| **Genuino** | Fhìor |
| **Onesto** | Honest |
| **Ospitale** | Ospidal |
| **Paziente** | Euslainteach |
| **Ricettivo** | Faighinn |
| **Rispettoso** | Modhail |
| **Tollerante** | Ceadachail |
| **Utile** | Feumail |

## Geografia
### Cruinn-Eòlas

| | |
|---|---|
| **Altitudine** | Altitude |
| **Atlante** | Atlas |
| **Città** | City |
| **Continente** | A 'leantainn |
| **Emisfero** | Hemisphere |
| **Fiume** | Abhainn |
| **Isola** | Eilean |
| **Latitudine** | Domhan-Leud |
| **Longitudine** | Domhan-Fhad |
| **Mappa** | Air a ' Mhapa |
| **Mare** | Sea |
| **Meridiano** | Meridian |
| **Mondo** | T-Saoghail |
| **Montagna** | Moire |
| **Nord** | Tuath |
| **Ovest** | Iar |
| **Paese** | Dùthchas |
| **Regione** | Region |
| **Sud** | Deas |
| **Territorio** | Ri |

## Geologia
### Geòlas

| | |
|---|---|
| **Acido** | Acid |
| **Altopiano** | Àrd-Chlàr A' |
| **Calcio** | Calcium |
| **Caverna** | Cavern |
| **Continente** | A 'leantainn |
| **Corallo** | Coral |
| **Cristalli** | Crystals |
| **Fossile** | Fossil |
| **Fuso** | Molten |
| **Geyser** | Geyser |
| **Lava** | Lava |
| **Minerali** | Mèinnirean |
| **Pietra** | Caraid |
| **Quarzo** | Quartz |
| **Sale** | Salann |
| **Stalagmiti** | Stalagmites |
| **Stalattite** | Stalactite |
| **Strato** | Laoidh |
| **Vulcano** | Volcano |
| **Zona** | Zone |

## Giardino
### Garden

| | |
|---|---|
| **Albero** | Tree |
| **Amaca** | Hammock |
| **Cespuglio** | Bush |
| **Erba** | Gras |
| **Erbacce** | Hawk' |
| **Fiore** | Flùr |
| **Frutteto** | Orchard |
| **Garage** | Garage |
| **Giardino** | Garden |
| **Pala** | Sluasaid |
| **Panca** | Fear |
| **Prato** | Glasach |
| **Rastrello** | Rake |
| **Recinto** | Feansa |
| **Stagno** | Lochan |
| **Suolo** | Ùir |
| **Terrazza** | Terrace |
| **Trampolino** | Trampoline |
| **Tubo** | Oran |
| **Vite** | Vine |

## Giocattoli
### Dèideagan

| | |
|---|---|
| **Aereo** | Adhbrann |
| **Aquilone** | Kite |
| **Argilla** | Clay |
| **Artigianato** | Obair-Ciùird |
| **Auto** | Càr |
| **Bambola** | Dol |
| **Barca** | Bàta |
| **Batteria** | Drumaichean |
| **Bicicletta** | Rothair |
| **Camion** | Làraidh |
| **Giochi** | Na Geamannan |
| **Immaginazione** | Mac-Meanmna |
| **Libri** | Leabhraichean |
| **Palla** | Ball |
| **Puzzle** | Tòimhseachan |
| **Robot** | Robot |
| **Scacchi** | Tàileasg |
| **Treno** | Trèan |

## Giorni e Mesi
### Làithean Agus Mìosan

| | |
|---|---|
| **Agosto** | An Lùnastal |
| **Anno** | Bliadhna |
| **Aprile** | A 'Ghiblean |
| **Calendario** | Mìosachan |
| **Dicembre** | An Dùbhlachd |
| **Domenica** | Didòmhnaich |
| **Febbraio** | An Gearran |
| **Giugno** | An T-Ògmhios |
| **Luglio** | An T-Iuchar |
| **Lunedì** | Diluain |
| **Martedì** | Dimàirt |
| **Marzo** | Am Màrt |
| **Mercoledì** | Diciadain |
| **Mese** | Mìos |
| **Novembre** | An T-Samhain |
| **Ottobre** | An Dàmhair |
| **Sabato** | Disathairne |
| **Settembre** | An T-Sultain |
| **Settimana** | Seachdain |
| **Venerdì** | Dihaoine |

## Guida
### A ' Dràibheadh

| | |
|---|---|
| Auto | Càr |
| Autobus | Bus |
| Carburante | Connadh |
| Freni | Brakes |
| Garage | Garage |
| Gas | Gas |
| Incidente | Tubaist |
| Licenza | Cead |
| Mappa | Air a ' Mhapa |
| Moto | Motorcycle |
| Motore | Co |
| Pedonale | Pedestrian |
| Pericolo | Bho Chunnart |
| Polizia | Police |
| Sicurezza | Sàbhailteachd |
| Strada | Rathad |
| Traffico | Trafaig |
| Trasporto | Còmhdhail |
| Tunnel | Tunail |
| Velocità | Na Gaoithe |

## Imbarcazioni
### Bàtaichean

| | |
|---|---|
| Albero | Mast |
| Ancora | Acair |
| Barca a Vela | Sailboat |
| Boa | Buoy |
| Canoa | Canoe |
| Corda | Ròp |
| Dock | Doc |
| Equipaggio | Crew |
| Fiume | Abhainn |
| Kayak | Kayak |
| Lago | Lake |
| Mare | Sea |
| Marea | - Làn |
| Marinaio | Sailor |
| Motore | Einnsean |
| Oceano | Ocean |
| Onde | Waves |
| Traghetto | Ferry |
| Yacht | Yacht |
| Zattera | Raft |

## Insetti
### Meanbh-Bhiastagan

| | |
|---|---|
| Afide | Aphid |
| Ape | Bee |
| Calabrone | Hornet |
| Cicala | Cicada |
| Coccinella | Ladybug |
| Coleottero | Beetle |
| Falena | Moth |
| Farfalla | Dealan-Dè |
| Larva | Larva |
| Libellula | Dragonfly |
| Locusta | Laoidh |
| Mantide | Mantis |
| Pulce | Flea |
| Scarafaggio | Cockroach |
| Termite | Taigh |
| Verme | Worm |
| Vespa | Speach |
| Zanzara | Mosquito |

## Letteratura
### Litreachas

| | |
|---|---|
| Analisi | Mion-Sgrùdadh |
| Analogia | Analogy |
| Aneddoto | Anecdote |
| Autore | Ùghdar |
| Conclusione | Co-Dhùnadh |
| Confronto | Coimeas |
| Descrizione | Tuireadh |
| Dialogo | Dialogue |
| Finzione | Fiction |
| Genere | Seòrsa |
| Metafora | Metaphor |
| Opinione | Beachd |
| Poesia | Dàn |
| Poetico | Poetic |
| Rima | Rhyme |
| Ritmo | Rhythm |
| Romanzo | Nobhail |
| Stile | Stoidhle |
| Tema | Thema |
| Tragedia | Traidseadaidh |

## Libri
### Leabhraichean

| | |
|---|---|
| Autore | Ùghdar |
| Avventura | Dànachd |
| Collezione | Cruinneachadh |
| Contesto | Co-Theacsa |
| Dualità | Duality |
| Epico | Gu |
| Inventivo | Inventive |
| Letterario | Litir |
| Lettore | Reader |
| Narratore | Stèidh |
| Pagina | Page |
| Poesia | Bàrdachd |
| Rilevante | Iomchaidh |
| Romanzo | Nobhail |
| Scritto | Sgrìobhadh |
| Serie | Sraith |
| Storia | Sgeulachd |
| Storico | Eachdraidh |
| Tragico | Traighideach |
| Umoristico | Daonna |

## Mammiferi
### Mamailean

| | |
|---|---|
| Balena | - Mhara |
| Cane | Cù |
| Canguro | Kangaroo |
| Cavallo | Each |
| Cervo | Fèidh |
| Coniglio | Rabbit |
| Coyote | Coyote |
| Delfino | Dolphin |
| Elefante | Elephant |
| Gatto | Cat |
| Giraffa | Sioraf |
| Gorilla | Gorilla |
| Leone | Lion |
| Lupo | Wolf |
| Orso | Bear |
| Pecora | Duilleag |
| Scimmia | Monkey |
| Toro | Bull |
| Volpe | Fox |
| Zebra | Zebra |

## Matematica
### Math

| | |
|---|---|
| **Angoli** | Angles |
| **Aritmetica** | Àireamhachd |
| **Circonferenza** | Circumference |
| **Decimale** | Decimal |
| **Diametro** | Trast-Thomhas |
| **Equazione** | Urnuigh |
| **Esponente** | Easponant |
| **Frazione** | Fraction |
| **Geometria** | Geomatras |
| **Numeri** | Àireamhan |
| **Parallelo** | Parallel |
| **Parallelogramma** | Parallelogram |
| **Perimetro** | Perimeter |
| **Poligono** | Polygon |
| **Quadrato** | Ceann |
| **Simmetria** | Symmetry |
| **Triangolo** | Triantan |

## Meditazione
### Meditation

| | |
|---|---|
| **Accettazione** | Achdan |
| **Attenzione** | Aire |
| **Calma** | Ciùin |
| **Chiarezza** | Soilleireachd |
| **Compassione** | Iomradh |
| **Emozioni** | Emotions |
| **Gentilezza** | Kindness |
| **Gratitudine** | Chùis |
| **Insegnamenti** | Teagasg |
| **Mente** | Mind |
| **Movimento** | Gluasad |
| **Musica** | Ceòl |
| **Natura** | Natur |
| **Pace** | Peace |
| **Pensieri** | Thoughts |
| **Prospettiva** | Sealladh |
| **Respirazione** | Breathadh |
| **Silenzio** | Sàmhchair |
| **Sveglio** | Awake |

## Meteo
### Aimsir

| | |
|---|---|
| **Alluvione** | Tuil |
| **Arcobaleno** | Bogha-Frois |
| **Atmosfera** | An Àrd-Bhaile |
| **Calma** | Ciùin |
| **Cielo** | Sky |
| **Clima** | Tìre |
| **Fulmine** | Laoidh |
| **Ghiaccio** | Deigh |
| **Monsone** | Monsoon |
| **Nube** | Cloud |
| **Nuvoloso** | Geàrr |
| **Polare** | Polar |
| **Siccità** | Drought |
| **Temperatura** | Teòthachd |
| **Tempesta** | Storm |
| **Tornado** | Iomghaoth |
| **Tropicale** | Tropaigeach |
| **Umido** | Mild |
| **Uragano** | Marbh |
| **Vento** | Urnuigh |

## Misurazioni
### Tomhais

| | |
|---|---|
| **Altezza** | Àirde |
| **Byte** | Baidht |
| **Centimetro** | Ionad |
| **Chilogrammo** | Kilogram |
| **Chilometro** | Kilometer |
| **Decimale** | Decimal |
| **Grado** | Ceum |
| **Grammo** | Gram |
| **Larghezza** | Leud |
| **Litro** | Litir |
| **Lunghezza** | Faid |
| **Massa** | Tomad |
| **Metro** | Mheatair |
| **Minuto** | Mionaid |
| **Oncia** | Ounce |
| **Peso** | Urnuigh |
| **Pollice** | Òirleach |
| **Profondità** | A Bhith A |
| **Tonnellata** | Ton |

## Mitologia
### Miotas-Eòlas

| | |
|---|---|
| **Archetipo** | Archetype |
| **Comportamento** | Giùlan |
| **Creatura** | Cruthachadh |
| **Credenze** | Beachdan |
| **Cultura** | Cultar |
| **Disastro** | Urnuigh |
| **Eroe** | Hero |
| **Forza** | Neart |
| **Fulmine** | Laoidh |
| **Gelosia** | Jealousy |
| **Guerriero** | Gaisgeach |
| **Immortalità** | Immortality |
| **Magico** | Draoidheach |
| **Mortale** | Mortal |
| **Mostro** | Uile-Bhèist |
| **Paradiso** | Neamh |
| **Vendetta** | Revenge |

## Mobili
### Àirneis

| | |
|---|---|
| **Amaca** | Hammock |
| **Cuscini** | Cushions |
| **Cuscino** | Pillow |
| **Divano** | Couch |
| **Futon** | Futon |
| **Lampada** | Lampa |
| **Letto** | Leabaidh |
| **Libreria** | Rùm |
| **Materasso** | Mattress |
| **Panca** | Fear |
| **Scaffali** | Sgeilpichean |
| **Scrivania** | Deasg |
| **Sedia** | Cathraiche |
| **Specchio** | Moladh |
| **Tappeto** | Brat |
| **Tende** | Curtains |

## Natura
### Nàdar

| | |
|---|---|
| **Animali** | Ainmeachadh |
| **Api** | Bean |
| **Artico** | Artach |
| **Bellezza** | Àille |
| **Deserto** | Desert |
| **Dinamico** | Beothail |
| **Fiume** | Abhainn |
| **Fogliame** | Foliage |
| **Foresta** | Forest |
| **Ghiacciaio** | Glacier |
| **Nuvole** | Neòil |
| **Rifugio** | Fasgadh |
| **Santuario** | Sanctuary |
| **Selvaggio** | Fiadhaich |
| **Sereno** | Serene |
| **Tropicale** | Tropaigeach |
| **Vitale** | Deatamach |

## Numeri
### Àireamhan

| | |
|---|---|
| **Cinque** | Còig |
| **Decimale** | Decimal |
| **Diciannove** | Naoi-Deug |
| **Diciassette** | Seachd-Deug |
| **Diciotto** | Eighteen |
| **Dieci** | Deich |
| **Dodici** | Dhà-Dheug |
| **Due** | Dà |
| **Nove** | Naoi |
| **Otto** | Ochd |
| **Quattordici** | Ceithir-Deug |
| **Quattro** | Ceithir |
| **Quindici** | Deug An |
| **Sedici** | Sixteen |
| **Sei** | Sia |
| **Sette** | Seachd |
| **Tre** | Trì |
| **Tredici** | Trì-Deug |
| **Venti** | Fichead |
| **Zero** | Neoni |

## Nutrizione
### Beathachadh

| | |
|---|---|
| **Amaro** | Bitter |
| **Appetito** | Appetite |
| **Calorie** | Calories |
| **Carboidrati** | Carbohydrates |
| **Cereali** | Ceistean |
| **Dieta** | Daithead |
| **Digestione** | Digestion |
| **Fermentazione** | Fermentation |
| **Gusto** | Flavor |
| **Liquidi** | Liquids |
| **Nutriente** | Nutrient |
| **Peso** | Urnuigh |
| **Porzione** | Cuibhreann |
| **Proteine** | Proteins |
| **Qualità** | Càileachd |
| **Salsa** | Sauce |
| **Salute** | Slàinte |
| **Spezie** | Laoidhean |
| **Tossina** | Toxin |
| **Vitamina** | Vitamin |

## Oceano
### Ocean

| | |
|---|---|
| **Anguilla** | Easgann |
| **Balena** | - Mhara |
| **Barca** | Bàta |
| **Corallo** | Coral |
| **Delfino** | Dolphin |
| **Gamberetto** | Seanmhair |
| **Granchio** | Crab |
| **Maree** | Tides |
| **Medusa** | Jellyfish |
| **Onde** | Waves |
| **Ostrica** | Oyster |
| **Pesce** | Iasg |
| **Polpo** | Octopus |
| **Sale** | Salann |
| **Scogliera** | Jersey |
| **Spugna** | Sponge |
| **Squalo** | Shark |
| **Tartaruga** | Turtle |
| **Tempesta** | Storm |
| **Tonno** | Tuna |

## Paesaggi
### Cruthan-Tìre

| | |
|---|---|
| **Cascata** | Waterfall |
| **Collina** | Hill |
| **Deserto** | Desert |
| **Fiume** | Abhainn |
| **Geyser** | Geyser |
| **Ghiacciaio** | Glacier |
| **Grotta** | Uamh |
| **Iceberg** | Iceberg |
| **Isola** | Eilean |
| **Lago** | Lake |
| **Mare** | Sea |
| **Montagna** | Mountain |
| **Oasi** | Oasis |
| **Oceano** | Ocean |
| **Palude** | Swamp |
| **Penisola** | Rubha |
| **Spiaggia** | Beach |
| **Tundra** | Tundra |
| **Valle** | Valley |
| **Vulcano** | Volcano |

## Paesi #2
### Dùthchannan # 2

| | |
|---|---|
| **Albania** | Albàinia |
| **Danimarca** | An Danmhairc |
| **Etiopia** | Na |
| **Giamaica** | Diameuga |
| **Giappone** | Iapan |
| **Grecia** | A 'Ghrèig |
| **Haiti** | Haiti |
| **Indonesia** | Innd Innse |
| **Irlanda** | Èirinn |
| **Laos** | Làthos |
| **Liberia** | Libèir |
| **Messico** | Mexico |
| **Nepal** | Neapàl |
| **Nigeria** | Nigèiria |
| **Pakistan** | Pacastan |
| **Russia** | An Ruis |
| **Siria** | Yemen |
| **Somalia** | Somàilia |
| **Sudan** | Sudan |
| **Ucraina** | Ugrain |

## Pesca
### Ag Iasgach

| | |
|---|---|
| **Acqua** | Uisge |
| **Barca** | Bàta |
| **Branchie** | Gills |
| **Cesto** | Basgaid |
| **Cucinare** | Cook |
| **Esagerazione** | Exaggeration |
| **Esca** | Bait |
| **Filo** | Uèir |
| **Fiume** | Abhainn |
| **Gancio** | Hook |
| **Lago** | Lake |
| **Mascella** | Jaw |
| **Oceano** | Ocean |
| **Peso** | Urnuigh |
| **Pinne** | Fins |
| **Spiaggia** | Beach |
| **Stagione** | Seusan |

## Piante
### Lusan

| | |
|---|---|
| **Albero** | Tree |
| **Bacca** | Berry |
| **Bambù** | Bambù |
| **Botanica** | Botany |
| **Cactus** | Cactus |
| **Cespuglio** | Bush |
| **Crescere** | Fàs |
| **Edera** | Ivy |
| **Erba** | Gras |
| **Fagiolo** | Bean |
| **Fertilizzante** | Fertiliser |
| **Fiore** | Flùr |
| **Flora** | Flòraidh |
| **Fogliame** | Foliage |
| **Foresta** | Forest |
| **Giardino** | Garden |
| **Muschio** | Moss |
| **Petalo** | Petal |
| **Radice** | Root |
| **Vegetazione** | Laoidh |

## Pirati
### Spùinneadairean

| | |
|---|---|
| **Ancora** | Acair |
| **Avventura** | Dànachd |
| **Bandiera** | Bratach |
| **Bussola** | Iomradh |
| **Capitano** | Capal |
| **Cattivo** | Bad |
| **Cicatrice** | Noisia |
| **Equipaggio** | Crew |
| **Grotta** | Uamh |
| **Isola** | Eilean |
| **Leggenda** | Laoidh |
| **Mappa** | Air a ' Mhapa |
| **Monete** | Coin |
| **Oceano** | Ocean |
| **Oro** | Gold |
| **Pappagallo** | Parrot |
| **Pericolo** | Bho Chunnart |
| **Spada** | Sword |
| **Spiaggia** | Beach |
| **Tesoro** | Treasure |

## Professioni #1
### Professions #1

| | |
|---|---|
| **Allenatore** | Coidse |
| **Ambasciatore** | Tosgaire |
| **Artista** | Ealain |
| **Astronomo** | Astronomer |
| **Avvocato** | Neach-Lagh |
| **Ballerino** | Dancer |
| **Banchiere** | Banker |
| **Cacciatore** | Urnuigh |
| **Cartografo** | Cartographer |
| **Editore** | Deasaiche |
| **Farmacista** | Pharmacist |
| **Geologo** | Geologist |
| **Gioielliere** | Jeweler |
| **Idraulico** | Plumber |
| **Infermiera** | Nurse |
| **Musicista** | Neach-Ciùil |
| **Pianista** | Neach-Piàna |
| **Psicologo** | Psychologist |
| **Scienziato** | Scientist |
| **Veterinario** | Veterinarian |

## Professioni #2
### Professions #2

| | |
|---|---|
| **Agricoltore** | Farmer |
| **Astronauta** | Prìomh |
| **Biologo** | Biologist |
| **Chirurgo** | Surgeon |
| **Dentista** | Fhiaclair |
| **Detective** | Detective |
| **Editore** | Foillsichear |
| **Filosofo** | B ' E |
| **Giardiniere** | Gardener |
| **Giornalista** | Urnuigh |
| **Illustratore** | Neach-Deilbh |
| **Ingegnere** | S |
| **Insegnante** | Teagasg |
| **Inventore** | Inventor |
| **Linguista** | Linguist |
| **Medico** | Physician |
| **Pilota** | Pìleat |
| **Pittore** | Peantair |
| **Ricercatore** | Rannsachadh |
| **Zoologo** | Zoologist |

## Riempire
### Ri Lìonadh

| | |
|---|---|
| **Bacino** | Cùrsa |
| **Barile** | Barrel |
| **Borsa** | Baga |
| **Bottiglia** | Botal |
| **Busta** | Envelope |
| **Cartella** | Pasgan |
| **Cassetto** | Door |
| **Cesto** | Basgaid |
| **Pacchetto** | Cur |
| **Scatola** | Box |
| **Secchio** | Bucaid |
| **Tasca** | Pocket |
| **Tubo** | Tiùb |
| **Valigia** | Màileid |
| **Vaso** | Bhàsa |
| **Vassoio** | Tray |

## Ristorante #1
### Taigh-Bìdh # 1

| | |
|---|---|
| **Allergia** | Allergy |
| **Caffè** | Cofaidh |
| **Cameriera** | Waitress |
| **Carne** | Meadh |
| **Cassiere** | Airgead |
| **Cibo** | Bia |
| **Ciotola** | Bobhla |
| **Coltello** | Sgian |
| **Cucina** | A ' Chidsin |
| **Dessert** | Dessert |
| **Menù** | Clàr-Taice |
| **Pane** | Aran |
| **Piccante** | Spicy |
| **Pollo** | Cearc |
| **Prenotazione** | Moladh |
| **Salsa** | Sauce |
| **Tovagliolo** | Napkin |

## Ristorante #2
### Taigh-Bìdh # 2

| | |
|---|---|
| **Acqua** | Uisge |
| **Bevanda** | Deoch |
| **Cameriere** | Waiter |
| **Cena** | An Dìnnear |
| **Cucchiaio** | Spoon |
| **Delizioso** | Blasta |
| **Forchetta** | Gobhal |
| **Frutta** | Measan |
| **Ghiaccio** | Deigh |
| **Insalata** | Buileann |
| **Minestra** | Sùil |
| **Pesce** | Iasg |
| **Pranzo** | Lòn |
| **Sale** | Salann |
| **Sedia** | Cathraiche |
| **Spezie** | Laoidhean |
| **Torta** | Cèic |
| **Uova** | Uighean |
| **Verdure** | Ghlasraich |

## Scacchi
### Tàileasg

| | |
|---|---|
| **Bianco** | Geal |
| **Campione** | Champion |
| **Diagonale** | Diagonal |
| **Giocatore** | Player |
| **Gioco** | Geama |
| **Nero** | Dubh |
| **Passivo** | Passive |
| **Re** | Ring |
| **Regina** | A ' Bhanrigh |
| **Regole** | Riaghailtean |
| **Sacrificio** | Ìobairt |
| **Sfide** | Dùbhalan |
| **Strategia** | Ro-Innleachd |
| **Tempo** | Uair |
| **Torneo** | Farpais |

## Scienza
### Saidheans

| | |
|---|---|
| **Atomo** | Atom |
| **Chimico** | Chemical |
| **Clima** | Tìre |
| **Dati** | Dàta |
| **Esperimento** | E |
| **Evoluzione** | Evolution |
| **Fatto** | S |
| **Fisica** | Fisic |
| **Fossile** | Fossil |
| **Gravità** | Gravity |
| **Ipotesi** | Hypothesis |
| **Laboratorio** | Latha |
| **Metodo** | Modh |
| **Minerali** | Mèinnirean |
| **Molecole** | Molecules |
| **Natura** | Natur |
| **Osservazione** | Sealladh |
| **Particelle** | Com-Pàirtean |
| **Piante** | Lusan |
| **Scienziato** | Scientist |

## Scuola #1
### Sgoil # 1

| | |
|---|---|
| **Alfabeto** | Aibideil |
| **Amici** | Caraidean |
| **Aula** | Seòmar-Sgoile |
| **Biblioteca** | Leabharlann |
| **Carta** | Pàipear |
| **Cartelle** | Pasganan |
| **Divertimento** | Spòrs |
| **Esami** | Exams |
| **Insegnante** | Teagasg |
| **Libri** | Leabhraichean |
| **Matematica** | Math |
| **Matita** | Peann |
| **Numeri** | Àireamhan |
| **Penne** | Pens |
| **Pranzo** | Lòn |
| **Risposte** | Freagairtean |
| **Scrivania** | Deasg |
| **Sedia** | Cathraiche |

## Scuola #2
### Sgoil # 2

| | |
|---|---|
| **Accademico** | Acadaimigeach |
| **Autobus** | Bus |
| **Biblioteca** | Leabharlann |
| **Calendario** | Mìosachan |
| **Carta** | Pàipear |
| **Computer** | Rannsachadh |
| **Dizionario** | Faclair |
| **Educazione** | Foghlam |
| **Forbici** | Scissors |
| **Giochi** | Na Geamannan |
| **Grammatica** | Gràmar |
| **Insegnante** | Teagasg |
| **Letteratura** | Litir |
| **Lettura** | Leughadh |
| **Libri** | Leabhraichean |
| **Matematica** | Math |
| **Matita** | Peann |
| **Scarpe** | Siopa |
| **Scienza** | Saidhean |
| **Zaino** | Backpack |

## Spezie
### Spìosraidhean

| | |
|---|---|
| **Amaro** | Bitter |
| **Anice** | Anise |
| **Cannella** | Cinnamon |
| **Cardamomo** | Cardamom |
| **Cipolla** | Onion |
| **Coriandolo** | Coriander |
| **Cumino** | Cumin |
| **Curcuma** | Turmeric |
| **Curry** | Curry |
| **Dolce** | Sweet |
| **Finocchio** | Fennel |
| **Gusto** | Flavor |
| **Liquirizia** | Licorice |
| **Noce Moscata** | Nutmeg |
| **Paprika** | Paprika |
| **Pepe** | Piobar |
| **Sale** | Salann |
| **Vaniglia** | Vanilla |
| **Zafferano** | Saffron |
| **Zenzero** | Ginger |

## Spiaggia
### Tràigh

| | |
|---|---|
| **Asciugamano** | Towel |
| **Barca** | Bàta |
| **Barca a Vela** | Sailboat |
| **Blu** | Gorm |
| **Costa** | A-Mhàin |
| **Dock** | Doc |
| **Granchio** | Crab |
| **Isola** | Eilean |
| **Laguna** | Lagoon |
| **Mare** | Sea |
| **Oceano** | Ocean |
| **Ombrello** | Umbrella |
| **Sabbia** | Sand |
| **Sandali** | Sandals |
| **Scogliera** | Jersey |
| **Sole** | Dido |
| **Vacanza** | Vacation |

## Sport
### Spòrs

| | |
|---|---|
| **Allenatore** | Coidse |
| **Arbitro** | Rèitear |
| **Atleta** | Athlete |
| **Baseball** | Baseball |
| **Basket** | Thathar |
| **Bicicletta** | Rothair |
| **Campionato** | Championship |
| **Ginnastica** | Gymnastics |
| **Giocatore** | Player |
| **Gioco** | Geama |
| **Golf** | Goilf |
| **Hockey** | Hocaidh |
| **Movimento** | Gluasad |
| **Palestra** | Gymnasium |
| **Squadra** | Sgioba |
| **Stadio** | Dheireadh |
| **Tennis** | Teanas |
| **Vincitore** | Taghaidh |

## Strumenti
### Innealan

| | |
|---|---|
| **Ascia** | Ax |
| **Cavo** | Càbal |
| **Colla** | Glue |
| **Coltello** | Sgian |
| **Corda** | Ròp |
| **Cucitrice** | Stapler |
| **Forbici** | Scissors |
| **Maglio** | Mallet |
| **Martello** | Hammer |
| **Pala** | Sluasaid |
| **Pinze** | Pliers |
| **Ruota** | Cuibhle |
| **Scala** | Fhàradh |
| **Torcia** | Torch |
| **Vite** | Screw |

## Strumenti Musicali
### Ionnsramaidean Ciùil

| | |
|---|---|
| **Arpa** | Clàrsach |
| **Banjo** | Banjo |
| **Chitarra** | Giotàr |
| **Clarinetto** | Clarinet |
| **Fagotto** | Bassoon |
| **Flauto** | Flùr |
| **Gong** | Gong |
| **Mandolino** | Mandolin |
| **Marimba** | Marimba |
| **Oboe** | Oboe |
| **Percussione** | Faraim |
| **Pianoforte** | Piano |
| **Sassofono** | Sacsafon |
| **Tamburello** | Tambairin |
| **Tamburo** | Drum |
| **Tromba** | Trumpet |
| **Trombone** | Trompan |
| **Violino** | Violin |
| **Violoncello** | Cello |

## Surf
### Surfadh

| | |
|---|---|
| **Atleta** | Athlete |
| **Campione** | Champion |
| **Divertimento** | Spòrs |
| **Estremo** | Àirde |
| **Folla** | Crowds |
| **Forza** | Neart |
| **Meteo** | Aimsir |
| **Oceano** | Ocean |
| **Onda** | Wave |
| **Popolare** | Seo |
| **Principiante** | Tòiseachaidh |
| **Schiuma** | Foam |
| **Scogliera** | Jersey |
| **Spiaggia** | Beach |
| **Stile** | Stoidhle |
| **Stomaco** | Stamag |
| **Velocità** | Na Gaoithe |

## Tecnologia
### Teicneòlas

| | |
|---|---|
| **Blog** | Blog |
| **Browser** | Bhrabhsair |
| **Byte** | Bytes |
| **Computer** | Rannsachadh |
| **Cursore** | Cursor |
| **Dati** | Dàta |
| **Digitale** | Didseatach |
| **File** | Faidhle |
| **Font** | Cruth-Clò |
| **Internet** | Eadar-Lìon |
| **Messaggio** | Fear-Tathaich |
| **Schermo** | Sgrìn |
| **Sicurezza** | Dèanamh |
| **Software** | Bathar-Bog |
| **Statistiche** | Statistics |
| **Telecamera** | Camara |
| **Virtuale** | Mas-Fhìor |
| **Virus** | Virus |

## Tempo
### Uair

| | |
|---|---|
| **Anno** | Bliadhna |
| **Annuale** | Bliadhnail |
| **Calendario** | Mìosachan |
| **Decennio** | Deichead |
| **Dopo** | A-Mhàin |
| **Futuro** | Àm ri Teachd |
| **Giorno** | Latha |
| **Ieri** | An-Dè |
| **Mattina** | Madainn |
| **Mese** | Mìos |
| **Mezzogiorno** | Chan Eil |
| **Minuto** | Mionaid |
| **Notte** | Oidhche |
| **Oggi** | An-Diugh |
| **Ora** | Uair |
| **Orologio** | Cloc |
| **Presto** | Urnaigh |
| **Prima** | Mus |
| **Secolo** | Linn |
| **Settimana** | Seachdain |

## Tipi di Capelli
### Seòrsan Fuilt

| | |
|---|---|
| **Bianco** | Geal |
| **Biondo** | Blar |
| **Breve** | Goirid |
| **Calvo** | Bald |
| **Colorato** | Dathte |
| **Grigio** | Glas |
| **Intrecciato** | Pleatach |
| **Liscio** | Mìn |
| **Lucido** | Shiny |
| **Lungo** | Fad |
| **Marrone** | Donn |
| **Morbido** | Soft |
| **Nero** | Dubh |
| **Ondulato** | Mfu |
| **Riccio** | Curly |
| **Riccioli** | Curls |
| **Sano** | Slàinte |
| **Sottile** | Thin |
| **Spessore** | Tiugh |
| **Trecce** | Braid |

## Uccelli
### Eòin

| | |
|---|---|
| **Anatra** | Tunnag |
| **Aquila** | Eagle |
| **Cicogna** | Stork |
| **Cigno** | Eala |
| **Colomba** | Dove |
| **Corvo** | Raven |
| **Cuculo** | Chuthag |
| **Falco** | Hawk |
| **Fenicottero** | Flamingo |
| **Gabbiano** | Gull |
| **Oca** | Goose |
| **Pappagallo** | Parrot |
| **Passero** | Emma |
| **Pavone** | Peacog |
| **Pellicano** | Pelican |
| **Piccione** | Pigeon |
| **Pollo** | Cearc |
| **Struzzo** | Ostrich |
| **Tucano** | Toucan |
| **Uovo** | Ugh |

## Vacanza #1
### Làithean-Saora # 1

| | |
|---|---|
| **Aereo** | Adhbrann |
| **Auto** | Càr |
| **Biglietto** | Thiogaidean |
| **Dogana** | Customan |
| **Itinerario** | Itinerary |
| **Lago** | Lake |
| **Ombrello** | Umbrella |
| **Partenza** | Roinn |
| **Rilassamento** | Laoidh |
| **Spedizione** | Taisbeanadh |
| **Tram** | Trama |
| **Turismo** | Turas |
| **Valigia** | Màileid |
| **Valuta** | Airgeadra |
| **Zaino** | Backpack |

## Vacanze #2
### Làithean-Saora # 2

| | |
|---|---|
| **Aeroporto** | Airport |
| **Campeggio** | Campadh |
| **Destinazione** | Cheann-Uidhe |
| **Foto** | Dealbhan |
| **Hotel** | Taigh-Òsta |
| **Isola** | Eilean |
| **Mappa** | Air a ' Mhapa |
| **Mare** | Sea |
| **Passaporto** | Passport |
| **Prenotazioni** | Molaidhean |
| **Spiaggia** | Beach |
| **Straniero** | Foreigner |
| **Taxi** | Tacsaidh |
| **Tempo Libero** | Cur-Seachadan |
| **Tenda** | Tent |
| **Trasporto** | Còmhdhail |
| **Treno** | Trèan |
| **Vacanza** | Laoidh |
| **Viaggio** | Turas |
| **Visto** | Visa |

## Veicoli
### Carbadan

| | |
|---|---|
| **Aereo** | Adhbrann |
| **Auto** | Càr |
| **Autobus** | Bus |
| **Barca** | Bàta |
| **Bicicletta** | Rothair |
| **Camion** | Làraidh |
| **Caravan** | Caravan |
| **Elicottero** | Heileacoptair |
| **Metropolitana** | Subway |
| **Motore** | Co |
| **Navetta** | Shuttle |
| **Pneumatici** | Tires |
| **Razzo** | Rocaid |
| **Scooter** | Scooter |
| **Sottomarino** | Submarine |
| **Taxi** | Tacsaidh |
| **Traghetto** | Ferry |
| **Trattore** | Tractar |
| **Treno** | Trèan |
| **Zattera** | Raft |

## Verdure
### Ghlasraich

| | |
|---|---|
| **Broccolo** | Broccoli |
| **Carciofo** | Artichoke |
| **Carota** | Curran |
| **Cetriolo** | Cucumber |
| **Cipolla** | Onion |
| **Fungo** | Mushroom |
| **Insalata** | Buileann |
| **Melanzana** | Eggplant |
| **Oliva** | Olive |
| **Patata** | Bith |
| **Pisello** | Pea |
| **Pomodoro** | Tomato |
| **Prezzemolo** | Parsley |
| **Rapa** | Turnip |
| **Ravanello** | Radish |
| **Scalogno** | Shallot |
| **Sedano** | Celery |
| **Spinaci** | Sliasaid |
| **Zenzero** | Ginger |
| **Zucca** | Pumpkin |

## Vestiti
### Aodach

| | |
|---|---|
| **Abito** | Doctor |
| **Braccialetto** | Bracelet |
| **Camicetta** | Blouse |
| **Camicia** | Lèine |
| **Cappello** | Ad |
| **Cappotto** | Mapa |
| **Cintura** | Na H-Alba |
| **Collana** | Necklace |
| **Giacca** | Seacaid |
| **Gonna** | Sìos |
| **Grembiule** | Apron |
| **Guanti** | Gloves |
| **Jeans** | Jeans |
| **Maglione** | Sweater |
| **Moda** | Fasain |
| **Pantaloni** | Pants |
| **Pigiama** | Pajamas |
| **Sandali** | Sandals |
| **Scarpa** | Shoe |
| **Sciarpa** | Scarf |

## Virtù #1
### Buadhan # 1

| | |
|---|---|
| **Affascinante** | Geasach |
| **Affidabile** | Earbsach |
| **Appassionato** | Seo |
| **Buono** | Math |
| **Curioso** | Gu Math |
| **Decisivo** | Decisive |
| **Divertente** | Funny |
| **Efficiente** | Èifeachd |
| **Generoso** | Chuid |
| **Indipendente** | Urnuigh |
| **Intelligente** | Innealan |
| **Modesto** | Modest |
| **Paziente** | Euslainteach |
| **Pratico** | Practaigeach |
| **Pulito** | Clean |
| **Saggio** | Wise |
| **Utile** | Feumail |

# Congratulazioni

## Ce l'hai fatta!

Speriamo che questo libro vi sia piaciuto tanto quanto a noi è piaciuto concepirlo. Ci sforziamo di creare libri della più alta qualità possibile.
Questa edizione è progettata per fornire un apprendimento intelligente, di qualità e divertente!

Le è piaciuto questo libro?

-------

## Una Semplice Richiesta

Questi libri esistono grazie alle recensioni che pubblicate.

Puoi aiutarci lasciando una recensione
ora a questo link ?

BestBooksActivity.com/Recensioni50

# SFIDA FINALE!

## Sfida n°1

Sei pronto per il tuo gioco gratuito? Li usiamo sempre, ma non sono così facili da trovare - ecco i **Sinonimi!**

Scrivi 5 parole che hai trovato nei puzzle (n° 21, n° 36, n° 76) e prova a trovare 2 sinonimi per ogni parola.

*Scrivi 5 parole del* **Puzzle 21**

| Parole | Sinonimo 1 | Sinonimo 2 |
|---|---|---|
| | | |
| | | |
| | | |
| | | |

*Scrivi 5 parole del* **Puzzle 36**

| Parole | Sinonimo 1 | Sinonimo 2 |
|---|---|---|
| | | |
| | | |
| | | |
| | | |

*Scrivi 5 parole del* **Puzzle 76**

| Parole | Sinonimo 1 | Sinonimo 2 |
|---|---|---|
| | | |
| | | |
| | | |
| | | |

# Sfida n°2

Ora che ti sei riscaldato, scrivi 5 parole che hai trovato nei puzzle n° 9, n° 17 e n° 25 e cerca di trovare 2 contrari per ogni parola. Quanti ne puoi trovare in 20 minuti?

*Scrivi 5 parole del* **Puzzle 9**

| Parole | Antonimo 1 | Antonimo 2 |
|--------|------------|------------|
|        |            |            |
|        |            |            |
|        |            |            |
|        |            |            |
|        |            |            |

*Scrivi 5 parole del* **Puzzle 17**

| Parole | Antonimo 1 | Antonimo 2 |
|--------|------------|------------|
|        |            |            |
|        |            |            |
|        |            |            |
|        |            |            |
|        |            |            |

*Scrivi 5 parole del* **Puzzle 25**

| Parole | Antonimo 1 | Antonimo 2 |
|--------|------------|------------|
|        |            |            |
|        |            |            |
|        |            |            |
|        |            |            |
|        |            |            |

# Sfida n°3

Grande! Questa sfida non è niente per te!

Pronto per la sfida finale? Scegli 10 parole che hai scoperto nei diversi puzzle e scrivile qui sotto.

| 1. | 6. |
|---|---|
| 2. | 7. |
| 3. | 8. |
| 4. | 9. |
| 5. | 10. |

Ora scrivi un testo pensando a una persona, un animale o un luogo che ti piace.

*Puoi usare l'ultima pagina di questo libro come bozza.*

## La tua composizione:

# TACCUINO:

# A PRESTO!

*Tutta la Squadra*

www.ingramcontent.com/pod-product-compliance
Lightning Source LLC
Chambersburg PA
CBHW082054120626
46553CB00011B/3402